WAS IST WAS
MINERALIEN UND GESTEINE
Funkelnde Schätze
DER MENSCHLICHE KÖRPER
Wunderwerk der Natur
AUTOS
PS, Hybrid und Turbostars
EISENBA
Weltmacht der Antike
VULKANE
Feuer aus der Tiefe
WIKINGER
KATZEN
Flinke Jäger auf Samtpfoten
DIE ALTEN GRIECHEN
Götter, Helden, Dichter
NATUR
Erforschen und schützen
FOSSILIEN
Spuren des Lebens
DAS ALTE ÄGYPTEN
Goldenes Reich am Nil
PIRATEN
Schrecken der Meere
HAUSTIERE
Unsere liebsten Freunde
SPINNEN
Jäger am seidenen Faden
NATUR-GEWALTEN
GELD
Vom Tauschhandel zum Bitcoin
DIE SIEBEN WELTWUNDER
Schätze der Antike
WALE UND DELFINE
Die sanften Riesen
ELEFANTEN
Die grauen Riesen
RITTER
Burgen, Turniere, edle Frauen
REGENWALD
Grüner Schatz der Erde
HAIE
Im Reich der schnellen Jäger
KRIMINALISTIK
Dem Täter auf der Spur
UNIVERSUM
Geheimnisse des Weltalls
TESSLOFF

WAS IST WAS

Dr. Tim Kalvelage

POLARSTERN

Forschen im Eis

TESSLOFF

Inhaltsverzeichnis

Die Polarregionen

Seite 9

Eis ist nicht gleich Eis! Erfahre, was Gletschereis und Meereis unterscheidet und wie dieses Pfannkucheneis entsteht.

Seite 23

Diese Pinguine müssen sich in Acht nehmen: Ein Seeleopard lauert ihnen auf!

Extreme Lebensräume

Tauwetter an den Polen

Seite 45

Begleite die Forscherin Stefanie Arndt, wenn sie von der »Polarstern« per Helikopter auf eine Eisscholle fliegt, um Schnee unter die Lupe zu nehmen.

Den Klimawandel erforschen

Seite **59**

2019 brach der Eisbrecher »Polarstern« zu seiner bisher größten Expedition auf: Eingefroren im Meereis trieb das Schiff quer über den Arktischen Ozean.

MOSAiC-Expedition I: Eingefroren im Eis

MOSAiC-Expedition II: Durch die Polarnacht

Seite **82**

Auch mithilfe von Computermodellen untersuchen Forschende, wie das Klima der Zukunft auf der Erde aussehen wird.

Seite **60**

Komm mit aufs Eis, wenn das Expeditionsteam in der Polarnacht bei –40 °C Proben sammelt!

MOSAiC-Expedition III: Eine neue Welt

Die Zukunft der Polarregionen

Glossar

Seite **94**

Hier findest du wichtige und kniffelige Begriffe kurz erklärt.

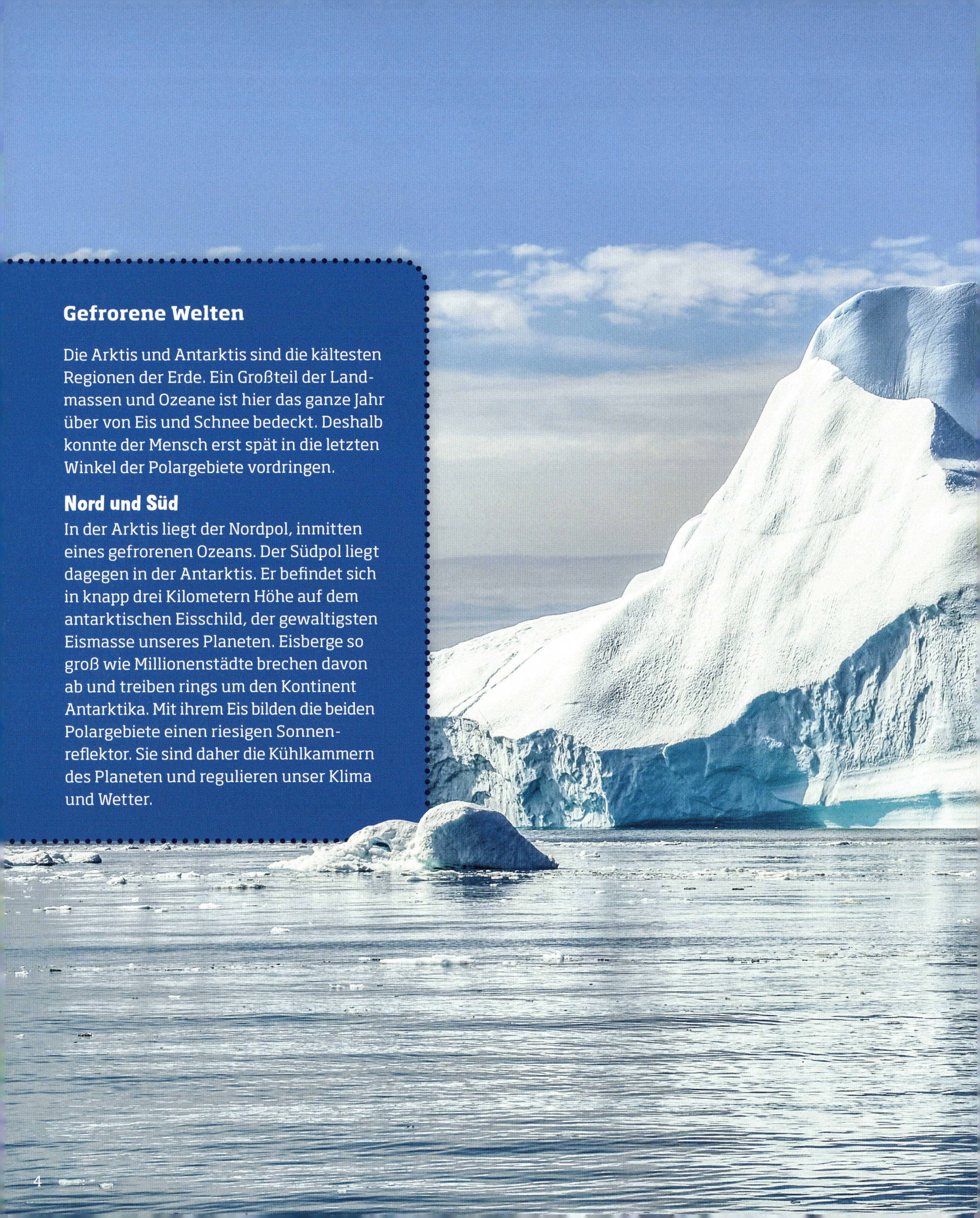

Gefrorene Welten

Die Arktis und Antarktis sind die kältesten Regionen der Erde. Ein Großteil der Landmassen und Ozeane ist hier das ganze Jahr über von Eis und Schnee bedeckt. Deshalb konnte der Mensch erst spät in die letzten Winkel der Polargebiete vordringen.

Nord und Süd

In der Arktis liegt der Nordpol, inmitten eines gefrorenen Ozeans. Der Südpol liegt dagegen in der Antarktis. Er befindet sich in knapp drei Kilometern Höhe auf dem antarktischen Eisschild, der gewaltigsten Eismasse unseres Planeten. Eisberge so groß wie Millionenstädte brechen davon ab und treiben rings um den Kontinent Antarktika. Mit ihrem Eis bilden die beiden Polargebiete einen riesigen Sonnenreflektor. Sie sind daher die Kühlkammern des Planeten und regulieren unser Klima und Wetter.

Die Polarregionen

Arktis und Antarktis

Je weiter man sich vom Äquator entfernt, desto kälter wird es auf der Erde in der Regel. Der nördlichste Punkt unseres Planeten ist der geografische Nordpol. Um ihn herum erstreckt sich die Arktis. Auf der gegenüberliegenden Seite der Erde liegt der Südpol, der Mittelpunkt der Antarktis. Die Polarregionen sind größtenteils unwirtliche und für den Menschen nur schwer zugängliche Gebiete. Denn tiefe Minusgrade lassen hier das Meer und das Land buchstäblich zu Eis erstarren.

Ein gefrorenes Meer

Im Zentrum der Arktis liegt der kleinste Ozean der Erde: das Nordpolarmeer, auch Arktischer Ozean genannt. Im Winter ist dieser fast vollständig von zwei Meter dicken Eisschollen bedeckt. Im Sommer bricht die Meereisdecke auf und schrumpft auf ein Drittel ihrer vorherigen Größe. Dann konzentriert sich das Meereis rings um den Nordpol. Dort erreicht man erst in 4 261 Meter Tiefe den Meeresboden. Der Arktische Ozean ist umzingelt von Landmassen. Er grenzt an die Küsten von Nordamerika, Russland und Skandinavien. Auch die große Insel Grönland mit ihrem mächtigen Eispanzer liegt in der Arktis. Die Framstraße, eine Meerenge zwischen Grönland und der Inselgruppe Spitzbergen, ist die einzige Tiefseeverbindung des Nordpolarmeers mit dem Atlantik. Die flache Beringstraße zwischen Alaska und Russland wiederum ist das Nadelöhr zum Pazifik.

Kontinent unter einer Eisdecke

Anders als der Nordpol hat die südliche Polkappe unseres Planeten ein festes Fundament: den Kontinent Antarktika. Doch über 99 Prozent der antarktischen Landmasse verschwinden unter einer gut 12 Millionen Quadratkilometer großen Eisdecke. Am Südpol ragt sie gut 2 830 Meter über den Meeresspiegel hinaus. Die Eismassen der Antarktis enthalten über zwei Drittel der weltweiten Süßwasserreserven. Antarktika und damit auch der Südpol ist von einem Ozean umgeben, dem Südpolarmeer oder auch Antarktischen Ozean. Wenn er im Winter zufriert, verdoppelt sich die eisbedeckte Fläche der Antarktis.

Rekord

4 897 Meter

dick ist der antarktische Eisschild an seiner dicksten Stelle. Ein Teil des Eises liegt unter dem Meeresspiegel.

Antarktis

Der antarktische Kontinent liegt unter einer dicken Eisdecke, die bis zum Ozean reicht.

Was gehört zur Antarktis?

Wo die Polargebiete beginnen, ist nicht eindeutig festgelegt. Als Grenze zur Antarktis gilt häufig der 60. Breitengrad. Südlich davon erstreckt sich das Gebiet, das unter den Antarktisvertrag fällt. Darin haben sich 1959 mehrere Staaten verpflichtet, die Antarktis nur friedlich zu nutzen. Deutlich größer wird die Südpolarregion, wenn man sich an der antarktischen Konvergenz orientiert. In dieser ringförmigen Meereszone trifft kaltes Polarwasser auf wärmeres Wasser aus dem Norden. Auch Inseln wie Südgeorgien zählen dann zur Antarktis.

Eisschollen bedecken weite Teile des Arktischen Ozeans.

Was gehört zur Arktis?

Eine mögliche Grenze der Arktis ist der nördliche Polarkreis. Allerdings liegen ziemlich eisige Gebiete wie die Südspitze Grönlands südlich davon. Oft wird die Grenze daher dort gezogen, wo die Temperatur im Juli gewöhnlich nicht über zehn Grad Celsius steigt. Ein anderes Kriterium ist die Vegetation. Demnach gehören Gebiete zur Arktis, in denen keine Bäume mehr wachsen.

Bitterkalt und stürmisch

Die Polargebiete erreicht viel weniger Sonnenenergie als den Äquator. Gleichzeitig reflektieren die hellen, von Eis und Schnee bedeckten Flächen einen Großteil der Sonnenstrahlung. Zudem sind die Winter hier besonders lang. Dann nämlich liegen die Pole auf der sonnenabgewandten Seite der Erde – es herrscht Polarnacht. Für sechs Monate verschwindet die Sonne unter dem Horizont. Kein Wunder also, dass es an den Polen so kalt ist. Unglaubliche minus 98,6 Grad Celsius haben Forschende in der Antarktis bereits gemessen! Windig ist es in den Polarregionen auch. Wenn Luft über den Eisschilden stark abkühlt, wird sie sehr schwer. So entstehen Fallwinde, die teils mit über 300 Kilometern pro Stunde von den Eishängen hinab zur Küste fegen.

Kalt, kälter, Antarktis

Die Durchschnittstemperatur am Südpol beträgt minus 49,3 Grad Celsius, am Nordpol vergleichsweise gemütliche minus 18 Grad Celsius. Warum ist es in der Antarktis deutlich kälter als in der Arktis? Zum einen, weil im Zentrum der Antarktis ein Kontinent liegt und in der Arktis ein Ozean, der Wärme speichert. Zum anderen, weil der antarktische Eisschild durchschnittlich 2 500 Meter über dem Meeresspiegel liegt. Und in der Höhe sinkt die Temperatur. Auf dem Eisschild ist es außerdem extrem trocken, sodass kaum Wolken entstehen. Von Schnee und Eis reflektierte Sonnenstrahlung gelangt daher ungehindert ins Weltall. Ein weiterer Faktor ist der antarktische Zirkumpolarstrom. Diese gewaltige Strömung befördert 100 Mal mehr Wasser als alle Flüsse der Erde zusammen. Sie bildet eine Barriere rings um die Antarktis gegen warmes Oberflächenwasser aus den Tropen.

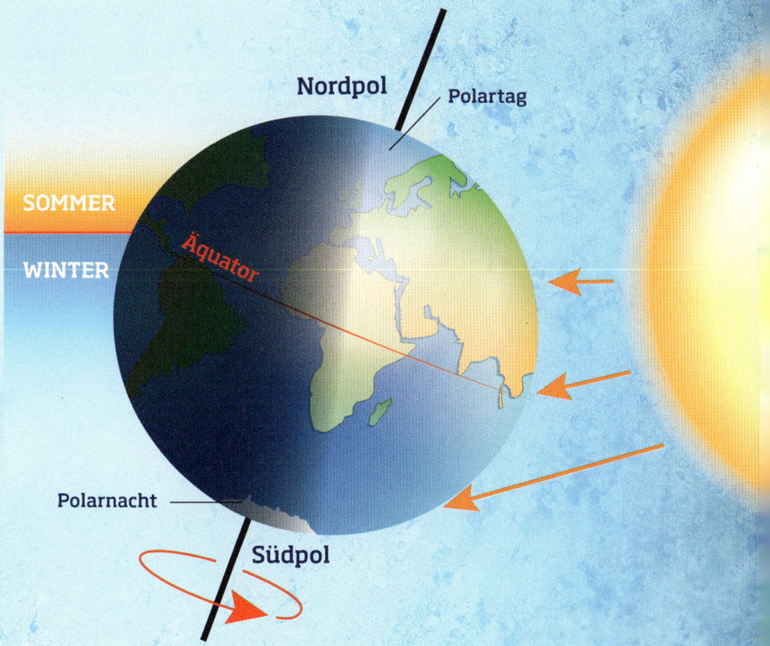

Wenig Sonne

An den Polen treffen die Sonnenstrahlen in einem flachen Winkel auf die Erde. Ihre Energie verteilt sich so auf eine größere Fläche. Zudem ist die Drehachse der Erde gegenüber ihrer Umlaufbahn um die Sonne um 23,4 Grad geneigt. Deshalb liegen die Pole abwechselnd die eine Hälfte des Jahres auf der Sonnenseite (Polartag) und die andere im Schatten (Polarnacht). Wenn in der Arktis Sommer herrscht, ist in der Antarktis Winter.

Eis hat viele Gesichter

Gletscher befördern gewaltige Eismassen vom Land in den Ozean.

Unglaublich!

11 000 km^2 maß der größte Tafeleisberg, der je von Satelliten erfasst wurde. Er war fast 300 km lang und brach im Jahr 2000 vom antarktischen Ross-Schelfeis ab. Ein Überbleibsel trieb 2022 noch immer im Südpolarmeer.

Das auffälligste Merkmal der Polarregionen sind ihre gewaltigen Eismassen – ob im Meer oder an Land. Temperaturen unter dem Gefrierpunkt verwandeln Wasser hier zu Schnee und Eis. Man unterscheidet verschiedene Eistypen – je nachdem, wo und wie sie entstehen.

Aus Schnee wird Eis

An Land gibt es Gletschereis. Es hat sich im Laufe der Zeit aus Schnee gebildet. Gefallener Schnee wird allmählich kompakter und runder, weil die Arme der winzigen Schneekristalle abbrechen. Unter dem Druck von immer mehr Neuschnee verbinden sich die Schneekügelchen zu einer körnigen Eismasse, die man Firn nennt. Daraus wird schließlich massives, luftdichtes Gletschereis. Diese Verwandlung dauert Jahre bis Jahrtausende. Schneller geht es dort, wo es viel schneit. Im Südosten Grönlands etwa fallen im Jahr bis zu zehn Meter Neuschnee, am geografischen Südpol dagegen nur rund 20 Zentimeter.

Angeberwissen

- Die größten Eisberge in der Antarktis werden mit einem Kürzel benannt, etwa A76. Der erste Buchstabe verrät, woher der Eisberg stammt. A steht für das Gebiet von 0 Grad bis 90 Grad West. Es umfasst das Weddellmeer und die Bellinghausensee.
- Jeder neu entdeckte Eisriese in einer Region bekommt eine fortlaufende Nummer. Zerfällt ein Eisberg schließlich, werden die Bruchstücke durchbuchstabiert: A76A, A76B, A76C und so weiter.

Gletscher – stets im Fluss

Gletschereis ist hart wie Beton. Dennoch wälzen sich Gletscher unter ihrem eigenen Gewicht langsam bergab. Dabei entstehen oft Gletscherspalten, also tiefe Risse im Eis. Bedeckt eine Eismasse über 50 000 Quadratkilometer, spricht man von einem Eisschild oder Inlandeis. Der größte Eisschild der Erde lastet auf Antarktika. Er ist im Schnitt mehr als zwei Kilometer dick und fließt wie ein zäher Teig vom Inneren des Kontinents zur Küste hin. Dort schiebt er sich als schwimmende Eisplatte aufs Meer hinaus. Dieses sogenannte Schelfeis kann am Übergang vom Land zum Ozean 1 500 Meter mächtig sein.

Schwimmende Berge

Von Schelfeisen und von Gletscherzungen, die ins Meer ragen, brechen immer wieder Eisbrocken ab. Forscherinnen und Forscher nennen das kalben. Auf diese Weise entstehen Eisberge – groß wie ein Auto, ein Containerschiff oder sogar eine ganze Stadt. Weil ihre Dichte geringer ist als die von Wasser, gehen sie nicht unter. Doch nur ein Bruchteil eines Eisbergs ragt aus dem Ozean. Die gewaltigsten Brocken schwimmen in der Antarktis: flache Tafeleisberge, die vom Schelfeis abgebrochen sind. Sie können viele Tausend Quadratkilometer groß sein. Manche treiben Jahrzehnte im Südpolarmeer, ehe sie völlig geschmolzen sind.

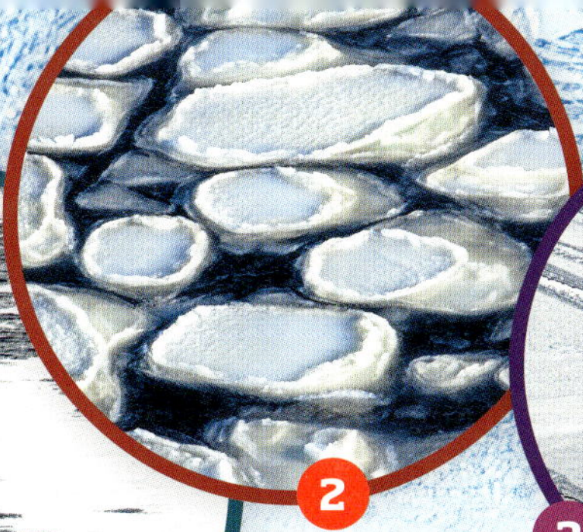

So entsteht Meereis

Gefriert Meerwasser, entstehen millimetergroße Eisnadeln. Bei unruhiger See bilden sie an der Oberfläche Eisschlamm **(1)**. *Daraus wachsen rundliche Eisplättchen, die immer wieder aneinanderstoßen. So entsteht Pfannkucheneis* **(2)**. *Bei ruhiger See formen die Eisnadeln eine dünne, elastische Eisschicht, das Nilas* **(3)**. *Es wächst zu jungem Meereis* **(4)**. *Wenn die Eisschollen sehr dicht treiben oder die Eisdecke geschlossen ist, spricht man von Packeis* **(5)**.

Dicke Schollen

Im Winter liegen weite Teile der Polarmeere unter einer Eisdecke. Aber anders als Gletschereis sind die Eisschollen kein verdichteter Schnee, sondern gefrorenes Meerwasser. Weil der Ozean salzig ist, muss die Wassertemperatur erst auf minus 1,8 Grad Celsius sinken, damit Meereis entsteht. Dann bilden sich winzige Eisnadeln, die nach und nach zu großen Schollen heranwachsen. Sie werden von Wind und Wellen zu dichtem Packeis zusammengeschoben. Dabei türmen sich bis zu 20 Meter dicke Presseisrücken auf. Die kann auch der Forschungseisbrecher »Polarstern« nicht knacken.

Eisige Böden: Permafrost

Nicht überall in den Polargebieten tritt Eis aber offen zutage. Es steckt dort auch im Untergrund, im sogenannten Permafrost oder Dauerfrostboden. So heißen Böden, die mindestens zwei Jahre in Folge gefroren sind. Sie können bis zu 90 Prozent aus Eis bestehen und meterdicke Eiskeile enthalten. Man findet Permafrost vor allem im nördlichen Kanada und im russischen Sibirien. Dort reicht das Bodeneis zum Teil bis in 1,6 Kilometer Tiefe. Es ist vor Zehntausenden Jahren während der letzten Kaltzeit entstanden.

Dieses Satellitenbild zeigt, wie der riesige Tafeleisberg A74 abbricht.

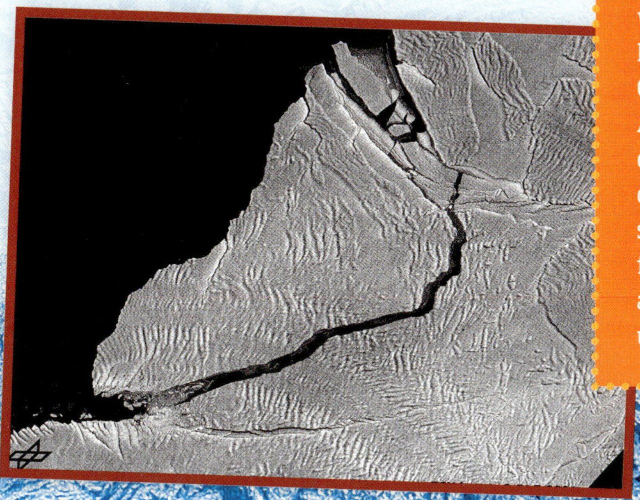

Zur richtigen Zeit am richtigen Ort

Anfang 2021 brach vom Brunt-Schelfeis in der Ostantarktis ein gewaltiger Tafeleisberg namens A74 ab: Er maß 56 mal 33 Kilometer und war damit vier Mal so groß wie die Stadt München! Eine Expedition der »Polarstern« war zufällig in der Nähe. Die Forschenden an Bord des Eisbrechers nutzten die einmalige Gelegenheit, den Meeresgrund an der Abbruchstelle zu untersuchen. Bislang war dieser vollkommen unzugänglich, weil darüber eine 150 Meter dicke Eisplatte schwamm. Mit einer Unterwasserkamera filmten sie in rund 600 Metern Tiefe unter anderem Schwämme, Anemonen, Kraken und Seegurken.

Der Mensch erobert die Pole

Die Inuit haben sich über Jahrhunderte perfekt an das Leben in der Arktis angepasst.

Auf Spitzbergen gibt es viele Eisbären. Die Bewohner der Inselgruppe müssen daher zur Sicherheit immer ein Gewehr mitnehmen, wenn sie außerhalb der Orte herumlaufen.

Trotz der harschen Lebensbedingungen haben Menschen die Arktis besiedelt. Vermutlich machten sie bereits vor 45 000 Jahren an der sibirischen Küste des Nordpolarmeers Jagd auf Mammuts. Vor etwa 10 000 Jahren breiteten sich Sammler und Jäger aus Mitteleuropa dann in der skandinavischen Arktis aus. Deutlich später, vor rund 5 000 Jahren, wanderten die sogenannten Paläo-Eskimos über eine damalige Landbrücke von Sibirien nach Alaska und weiter bis nach Grönland. Schließlich gelangten die Vorfahren der modernen Inuit mit Booten nach Nordamerika und eroberten die Arktis.

Die Entdeckung der Polargebiete

Bis weit ins 19. Jahrhundert waren die Polargebiete zum Großteil weiße Flecken auf den Karten der Seefahrer. Kartografen konnten bestenfalls vermuten, was sich weit nördlich der spärlich besiedelten Küstengebiete der Arktis verbarg. So glaubten manche etwa, das zentrale Nordpolarmeer wäre eisfrei und mit Schiffen befahrbar. Genauso wenig wusste man über die Geografie der Antarktis. Rings um den Südpol wurde zwar ein Kontinent vermutet. Aber wegen des dicken Packeises schien er lange unerreichbar.

Tragödien und Triumphe

Doch nach und nach drangen europäische Entdecker immer tiefer in die Polarregionen vor. Sie waren neugierig, aber auch die Aussicht auf Ruhm und Ehre lockte sie. Zudem suchten Expeditionen nach neuen Rohstoffvorkommen und Seewegen durch das Nordpolarmeer nach Asien. Einige bezahlten die Abenteuerlust mit dem Leben. Andere hatten mehr Glück, bessere Ausrüstung oder von den Inuit gelernt, im Eis zu überleben. Sie kehrten als gefeierte Helden in ihre Heimat zurück.

1772–1775

Antarktis-Umsegelung

Auf der Suche nach einem vermuteten Südkontinent überquert der Engländer James Cook den südlichen Polarkreis, ehe ihn dichtes Meereis zur Umkehr zwingt.

1820

Entdeckung des 7. Kontinents

Das Schiff des Russen Fabian Gottlieb von Bellinghausen erreicht Ostantarktika. Praktisch zeitgleich erblickt der Brite Edward Bransfield die Antarktische Halbinsel.

1841

Ross-Schelfeis

Der Engländer James Clark Ross segelt über den 78. Breitengrad und entdeckt das riesige Schelfeis im Rossmeer.

1845

Franklin-Expedition

Der Engländer John Franklin sticht mit den Schiffen »Erebus« und »Terror« in See, um den nördlich von Amerika verlaufenden Seeweg vom Atlantik in den Pazifik zu finden. Aber das Meereis ist zu massiv. Nach drei harten Wintern im Eis gibt es keine Überlebenden.

1878–1879

Nordostpassage

Der Schwede Adolf Erik Nordenskjöld gelangt per Schiff von Skandinavien entlang der Küste Sibiriens in den Pazifik.

Ein trauriges Kapitel in der Geschichte der Antarktis: Im 20. Jahrhundert wurden im Südpolarmeer 1,5 bis 2 Millionen Wale getötet. In Fabriken wie hier auf Südgeorgien wurde ihr Speck zu Öl verkocht.

Forschungsstation

Heute wird in der Antarktis nur geforscht, etwa auf der deutschen Neumayer-Station III. Das ganze Jahr über werden dort Wetterdaten gesammelt. Die Station steht auf Stelzen, damit sie nicht im Schnee versinkt. Regelmäßig werden diese einzeln angehoben und Schnee daruntergeschoben. Anschließend drückt sich die Station ein Stück in die Höhe.

Wohnen am Polarkreis

Heute leben in der Arktis gut vier Millionen Menschen. Zehn Prozent gehören zu indigenen Gruppen, sind also Nachkommen der arktischen Ureinwohner. Dazu zählen zum Beispiel die Inuit in Nordamerika und auf Grönland, die Samen in Skandinavien oder die Nenzen in Russland. Sie haben die traditionelle Lebensweise ihrer Vorfahren zum Teil bewahrt.

Früher Walfang, heute Wissenschaft

Im Gegensatz zur Arktis wurde Antarktika nie von Ureinwohnern besiedelt. Der Kontinent ist einfach zu kalt, zu entlegen und von einem tosenden Ozean umgeben. Am Anfang des 20. Jahrhunderts bauten Walfänger zwar Fabriken in Teilen der Antarktis, etwa auf der Inselgruppe Südgeorgien. Heute sind diese aber verlassen. In der Antarktis gibt es keine dauerhaften Siedlungen – nur Forschungsstationen, in denen Wissenschaftler kommen und gehen. Die größte ist die US-amerikanische Station McMurdo auf einer Insel im Rossmeer. Dort forschen im Sommer mehr als 1 200 Menschen.

Roald Amundsen gewann den Wettlauf zum Südpol gegen Robert F. Scott. Er war besser vorbereitet, setzte auf Schlittenhunde statt auf Ponys und hatte mehr Glück mit dem Wetter.

1888
Grönland-Überquerung

Auf Schneeschuhen und Skiern läuft der Norweger Fridtjof Nansen von der grönländischen Ostküste über das Inlandeis zur Westküste der Insel.

1893–1896
Transpolardrift

Fridtjof Nansens Schiff »Fram« treibt eingefroren im Packeis quer über den Arktischen Ozean: von der Küste Ostsibiriens bis nach Spitzbergen.

1903–1906
Nordwestpassage

Der Norweger Roald Amundsen bezwingt das dicke Meereis zwischen den Inseln in der kanadischen Arktis und schafft es über das Nordpolarmeer in die Beringsee.

1908 und 1909
Zu Fuß zum Nordpol

Am 6. April 1909 will der Amerikaner Robert Peary den Nordpol erreicht haben. Nach seiner Rückkehr erfährt er, dass sein Landsmann Frederick Cook behauptet, schon ein Jahr zuvor dort gewesen zu sein. Heute ist umstritten, wie nah die beiden dem Nordpol wirklich kamen.

1911
Erster Mensch am Südpol

Am 14. Dezember 1911 weht die norwegische Flagge am Südpol. Roald Amundsen erreicht ihn gut einen Monat vor dem enttäuschten Robert F. Scott. Der Engländer und seine Begleiter erfrieren auf dem Rückweg zu ihrem Schiff.

Motor für Atmosphäre und Ozean

Klar: Die Arktis ist ziemlich weit weg – die Antarktis sowieso. Doch die Polargebiete haben einen großen Einfluss auf unser Wetter und Klima. Sie saugen warme Luft- und Wassermassen aus den heißen Tropen an und schicken sie gut gekühlt wieder zurück. Damit regulieren sie die Wärmeverteilung auf unserem Planeten.

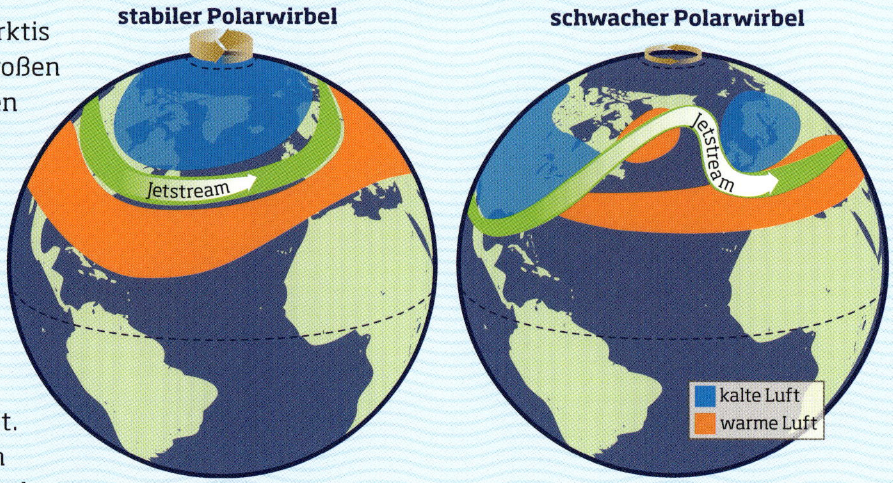

Jetstream

Der Jetstream ist ein starkes Westwindband in der gemäßigten Zone. Wenn der Polarwirbel im Winter schwächelt, bewegt sich der Jetstream wellenförmig um den Globus. Polarluft dringt dann weit nach Süden und Warmluft in die Arktis vor. In Südeuropa kann es schneien, während in Nordgrönland Plusgrade herrschen.

Vom Hoch zum Tief

Die weißen Polkappen sind riesige Reflektoren, die einen Großteil des Sonnenlichts zurück ins Weltall strahlen. Das sorgt an den Polen für ziemlich kalte Luft. Sie ist schwer und sinkt ab. Daher ist der Luftdruck am Boden hoch – es herrscht ein Hochdruckgebiet. Weiter oben in der Lufthülle der Erde, der Atmosphäre, ist der Luftdruck dagegen niedrig – ein Tiefdruckgebiet. In den Tropen ist es dank aufsteigender Warmluft genau umgekehrt. So kommt Bewegung in die Atmosphäre: Die kalte Polarluft strömt in Bodennähe Richtung Äquator, darüber die warme Luft in die umgekehrte Richtung.

Nach links, nach rechts

Dass sich unser Planet dreht, beeinflusst den Weg, den Winde und Ozeanströmungen nehmen. Sie werden abgelenkt, wenn sie sich von Norden nach Süden oder umgekehrt bewegen – auf der Nordhalbkugel nach rechts, auf der Südhalbkugel nach links. Deshalb schafft es die Polarluft nicht bis zum Äquator. Stattdessen gibt es in der Atmosphäre mehrere Windzellen, die einen Wärmeaustausch zwischen Tropen und Polargebieten ermöglichen. Über der Arktis und Antarktis zirkulieren die Polarzellen. Kaltluft, die vom Nord- oder Südpol zum Polarkreis wandert, wird durch die Erdrotation zu Ostwind.

Rasender Westwind

Während der eisigen Polarnacht kreisen über den Polargebieten in 10 bis 50 Kilometern Höhe die Polarwirbel. Sie halten die winterliche Kaltluft am Nord- und Südpol. Etwas tiefer, in acht Kilometern Höhe, weht ganzjährig der Jetstream oder Strahlstrom. Dieser Westwind düst auf der Nordhalbkugel mit bis zu 500 Kilometern pro Stunde einmal um den Globus. Der Jetstream verläuft in den gemäßigten Breiten, also auch über Europa. Er verschiebt die Hoch- und Tiefdruckgebiete, die uns mal sonniges Wetter (Hoch) und mal Regen (Tief) bringen.
Im Winter bildet der Jetstream eine Barriere zwischen den eisigen Luftmassen der Arktis und der wärmeren Luft weiter südlich. Seine Kraft bestimmen die Temperaturunterschiede in der Atmosphäre. Hin und wieder passiert es, dass der Polarwirbel zusammenbricht und sich die Atmosphäre über der Arktis plötzlich stark erwärmt. Dadurch verliert auch der Jetstream an Schwung. Er kommt vom Kurs ab und gerät ins Schlingern. Die Folge: Eisige Polarluft dringt bis in den Süden Europas oder der USA vor, während warme Luft in die Arktis strömt.

Unterwasserfälle

Die Polarregionen sind aber nicht nur wichtig für die Luftzirkulation in der Atmosphäre. Sie halten auch ein Strömungssystem am Laufen, das die großen Ozeane miteinander verbindet: das globale Förderband. Es transportiert große Mengen Wärme rund um den Erdball und reichert die Tiefsee mit Sauerstoff an.
Seinen Startpunkt hat das Förderband in den Polarregionen, im Weddellmeer in der Antarktis und nahe Grönland in der

Schon gewusst?

Die Windrichtung beschreibt immer die Himmelsrichtung, aus der der Wind pfeift. Bei Ostwind strömt die Luft also von Ost nach West.

Als der Polarwirbel im Januar 2014 zusammenbrach, gab es in den USA eine Kältewelle. In der Stadt Chicago fiel die Temperatur auf minus 27 Grad Celsius!

Wetter und Klima

Wenn die Sonne scheint, dann freuen wir uns über schönes Wetter. Manchmal verfluchen wir das Wetter aber auch. Wenn es aus Kübeln schüttet und wir bei Gegenwind mühsam in die Pedale treten müssen zum Beispiel. Wetter ist das, was sich aktuell in der Atmosphäre abspielt – oder in naher Zukunft. Das erfahren wir in der Wettervorhersage. Die ist oft nur für wenige Tage zuverlässig. Denn unser Wetter kann sehr wechselhaft sein.

Das Klima dagegen ist recht beständig. Es beschreibt, welches Wetter im Durchschnitt an einem Ort herrscht. Ob die Sommer eher heiß und trocken oder die Winter kalt und schneereich sind. Dafür schauen Forscherinnen und Forscher sich typischerweise einen Zeitraum von 30 Jahren an.

Wetter ist also eine Momentaufnahme. Das Klima ergibt sich aus der langen Beobachtung von Temperatur und Niederschlag, also Regen oder Schnee.

Arktis. Hier kühlt das Meerwasser stark ab und wird salziger, wenn sich Meereis bildet. Denn das Salz gefriert nicht mit. So erhöht sich der Salzgehalt des Wassers unter dem Eis und es wird schwerer. Wie ein großer Wasserfall sinkt es mehrere Kilometer ab. In der Tiefe fließt es durch die großen Ozeane. Nach ein paar Hundert Jahren steigt es im Pazifik und im Indischen Ozean wieder auf und erwärmt sich.
Dort, wo kaltes, schweres Wasser absinkt, wird an der Oberfläche wärmeres Meerwasser angesaugt. Vor Grönland etwa strömt Wasser nach, das der Golfstrom aus der Karibik nach Norden bringt. Unterwegs gibt es Wärme an die Atmosphäre ab. Diese Fernheizung beschert Westeuropa ein mildes Winterklima.

Globales Förderband

In den Polarregionen sinkt schweres, kaltes Meerwasser in die Tiefsee. Das treibt ein Strömungssystem an, das in einem Kreislauf die großen Ozeane miteinander verbindet und Wärme transportiert.

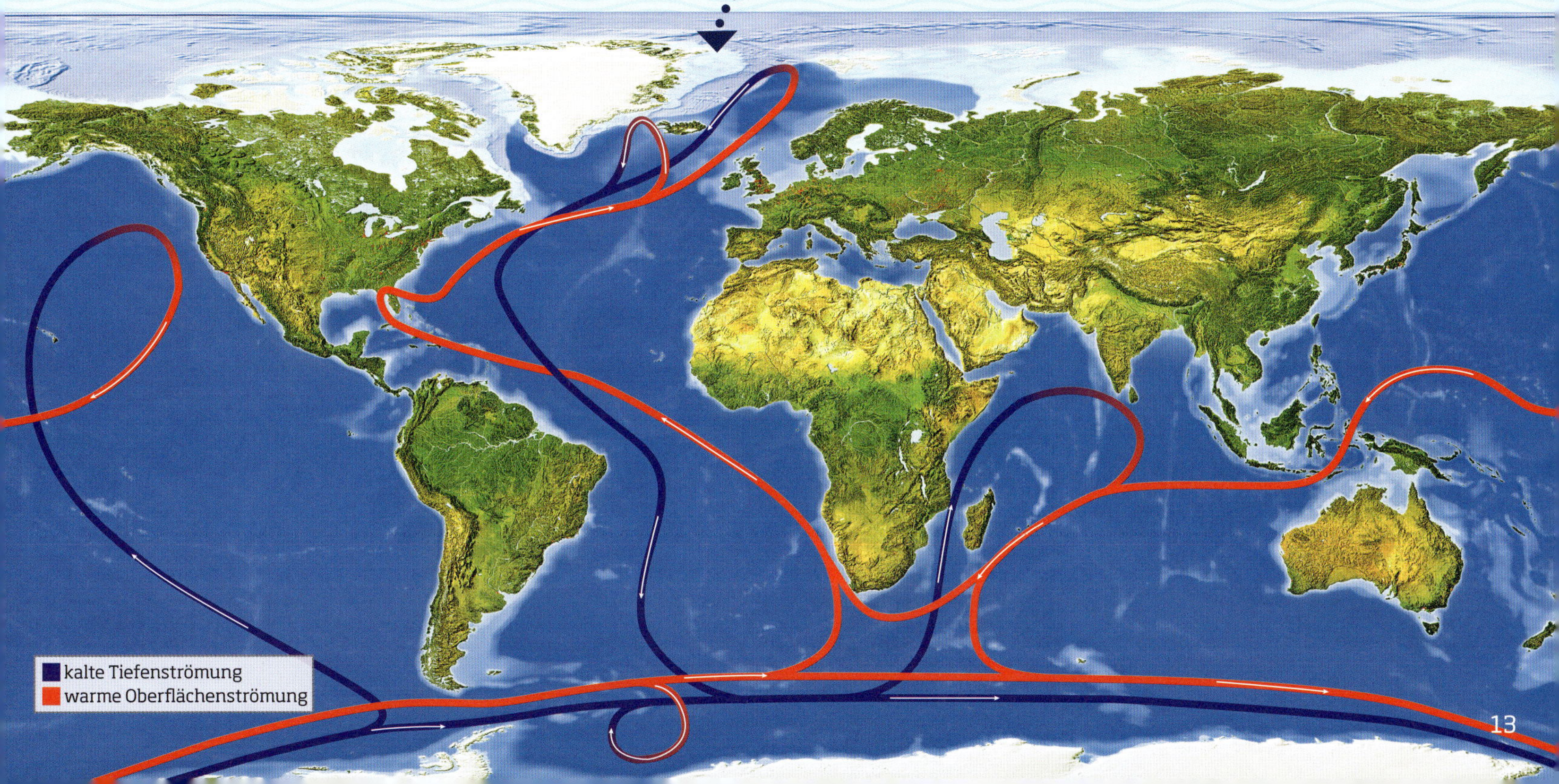

Von der Küste bis in die Tiefsee

Obwohl es dort eher ungemütlich ist, sind die Polargebiete alles andere als leblos. Tausende Arten sind hier zu Hause. Sie trotzen der Kälte und dem schwankenden Nahrungsangebot.
Das Kommen und Gehen von Licht und Meereis bestimmt den Rhythmus des Lebens in der Arktis und Antarktis. Im Sommer, wenn das Plankton blüht, wimmelt es in den Polarmeeren von Tieren – von winzigen Krebschen bis hin zu riesigen Walen. Zahllose Robben, Pinguine und Seevögel versammeln sich jetzt an den Küsten, um ihre Jungen zu gebären oder zu nisten. Auf sie haben es die großen Raubtiere abgesehen. In der Antarktis etwa müssen sich Pinguine beim Sprung ins Wasser vor Schwertwalen und Seeleoparden in Acht nehmen.
Der Eisbär, der mächtigste Räuber der Arktis, geht im Winter auf dem Packeis auf Robbenjagd.
Auch tief unter dem Eis, am Grund der Polarmeere, gibt es einzigartige Lebensräume mit überraschenden Tiergemeinschaften. Einige dieser Ökosysteme wurden erst kürzlich entdeckt!

Extreme Lebensräume

Der Krabbenfresser ist eine Robbenart und im Südpolarmeer zu Hause. Kein großes, wild lebendes Säugetier kommt auf der Erde häufiger vor!

Tierische Überlebenstricks

Die Sommer sind kurz, die Winter bitterkalt und stürmisch. Überall liegt Schnee und Eis. Nirgends wächst ein Baum, hier und da ein paar Gräser oder Flechten. Für die Tiere der Polargebiete ist es nicht leicht, warm zu bleiben, genügend Nahrung zu finden und nicht selbst verspeist zu werden. Doch sie haben sich an die schwierigen Lebensbedingungen angepasst.

Gemeinsam

Die Rentiere in Nordamerika heißen Karibus. In großen Gruppen legen sie lange Strecken zurück.

Wandervogel

Küstenseeschwalben pendeln zwischen Arktis und Antarktis.

Langstreckenflug

Wenn der Winter naht, ziehen viele Seevögel aus der Arktis in den wärmeren Süden. Die längste Reise macht die Küstenseeschwalbe: Sie flattert bis an die Packeisgrenze der Antarktis, wo nun der Sommer beginnt und es reichlich zu fressen gibt. Einige Monate später macht sie sich wieder auf den Rückweg. Auf ihrer Rundreise legt sie bis zu 80 000 Kilometer zurück!

Sommerquartier

In Nordamerika versammeln sich Karibus im Frühjahr, um in Herden aus mehreren 100 000 Tieren die längste Wanderung aller Landtiere zu unternehmen: Sie laufen 1 300 Kilometer nach Norden bis zum Arktischen Ozean. An der Küste finden sie und ihre Kälber im Sommer reichlich frische Gräser – und es gibt weniger lästige Stechmücken. Wird es wieder kälter, treten die Tiere den Rückweg an.

Verteidigungsring

Werden Moschusochsen zum Beispiel in Grönland von Polarwölfen angegriffen, bilden die rund 300 Kilogramm schweren Alttiere einen Kreis um den Nachwuchs und zeigen den Wölfen ihre spitzen Hörner. Einzelne Tiere brechen aus dem Schutzwall aus und vertreiben die Angreifer.

Starke Typen

Moschusochsen sind in der Arktis weitverbreitet. Mit ihrem gepanzerten Schädel vertreiben sie nicht nur Polarwölfe – in der Paarungszeit lassen die Männchen ihre Köpfe zusammenkrachen. Der Sieger darf sich fortpflanzen.

Gruppen-kuscheln

Kaiserpinguine bekommen ihren Nachwuchs im Winter auf dem Meereis rings um den antarktischen Kontinent. Die Eier auszubrüten, ist Aufgabe der Männchen. Bei Temperaturen bis minus 50 Grad Celsius rücken sie zu Tausenden eng zusammen – bis zu 19 Pinguine quetschen sich auf einen Quadratmeter. In der Mitte der Kolonie wird es ziemlich warm, über 20 Grad Celsius! Daher wechseln sich die Pinguine ab: Jeder muss mal am Rand der Kolonie frieren und in der Mitte schwitzen.

Papa Pinguin

Die Männchen halten jeweils ein Ei in einer Bauchfalte warm – später fühlt sich dort auch das geschlüpfte Küken wohl.

Wintermantel und Isolierschicht

Wer in den Polargebieten nicht frieren will, braucht ein dickes Fell. Moschusochsen etwa haben langes Deckhaar, das bis zum Boden reicht. Darunter tragen sie im Winter dichte Wolle. Das Deckhaar von Rentieren und Eisbären ist hohl und mit Luft gefüllt. Luft isoliert sehr gut, sodass die Tiere wenig Körperwärme verlieren. Im Wasser allerdings klappt das nicht. Wale, Robben, Pinguine und Eisbären fressen sich daher ein wärmendes Fettpolster an. Die Speckschicht des Grönlandwals ist dabei bis zu 50 Zentimeter dick!

Warm bleiben

Ein dickes Fell schützt den Eisbären vor Kälte. Darunter hat er eine schwarze Haut, die sich bei Sonnenschein erwärmt. Im eiskalten Wasser verhindert eine bis zu elf Zentimeter dicke Speckschicht, dass er auskühlt.

Mal braun, mal weiß

Mit seinem weißen Fell ist der Polarfuchs im Schnee gut getarnt. Im Sommer trägt er Braun und vergräbt Seevögel als Vorrat für den Winter.

Tarnkleid

Viele Bewohner der Arktis verlieren am Ende des Sommers ihr dunkles Fell oder Federkleid und kleiden sich ganz in Weiß, etwa Schneehasen und Alpenschneehühner. So sind sie im Winter gut getarnt vor Räubern. Aber auch Jäger wie der Polarfuchs tragen dann ein weißes Fell, um sich unbemerkt an ihre Beute anschleichen zu können.

Frostschutz-mittel

Im Südpolarmeer liegt die Wassertemperatur zum Teil unter 0 Grad Celsius. Antarktische Eisfische bilden daher in ihrem Körper Frostschutz-Proteine, die verhindern, dass ihr Blut gefriert. Die fast durchsichtigen Fische haben auch keine roten Blutkörperchen, die Sauerstoff im Körper verteilen. Denn bei Kälte machen diese das Blut zähflüssig. Der Sauerstoff dringt stattdessen über die Kiemen und die Haut direkt in ihren Körper.

Nicht einfrieren

Durch ihren Trick können Antarktische Eisfische auch in –1,8 °C kaltem Wasser überleben.

Plankton – klein, aber wichtig

Schon gewusst?

Plankton ist wichtig für das Klima der Erde. Mikroalgen speichern Kohlendioxid, das zur Erderwärmung beiträgt, und bauen daraus ihre Zellen. Tote Algen sinken massenhaft ab und transportieren so große Mengen Kohlenstoff von der Meeresoberfläche in die Tiefsee. Auch Kotballen von Algen fressendem Zooplankton helfen dabei. Forscher haben berechnet, dass unsere Atmosphäre ohne das Plankton im Ozean fast doppelt so viel Kohlendioxid enthalten würde!

Wenn nach der Polarnacht das Licht in die Polargebiete zurückkehrt und das Meereis schmilzt, kommt es zu großflächigen Algenblüten.

Im Winter sind beide Polarmeere großflächig von Eis bedeckt und das Nahrungsangebot ist bescheiden. Viele Meeresbewohner und Seevögel verbringen die dunkle Jahreszeit daher lieber in wärmeren Gefilden. Doch wenn das Licht zurückkehrt und die Eisdecke aufbricht, erblüht das Leben in der Arktis und Antarktis.

Mikroalgen

Den Anfang machen einzellige Algen, die im Meereis und im Meerwasser leben. Der Ozean ist jetzt reich an Nährstoffen und die Algen bekommen genügend Sonnenlicht. Wie Bäume und Gräser betreiben sie Fotosynthese. Bei diesem Prozess wird Kohlendioxid mithilfe von Sonnenenergie in Zucker umgewandelt und Sauerstoff produziert. Da sind zum einen die Eisalgen, die unter den Eisschollen oder in winzigen, mit Salzlauge gefüllten Kanälen im Eis überwintert haben. Im Sommer bilden sie unter dem verbliebenen Meereis einen dichten Rasen und teilweise meterlange braune Fäden. Zum anderen vermehren sich nun sprunghaft Algen im offenen Wasser. Sie zählen zum pflanzlichen Plankton, dem Phytoplankton. Es kommt zur Planktonblüte mit Millionen von Algen in einem Liter Meerwasser.

Die Algen bilden die Grundlage fast allen Lebens in den Polarmeeren. Kleine Krebstiere und anderes tierisches Plankton weiden den Algenrasen unter dem Meereis ab oder löffeln die dicke Algensuppe. Dieses sogenannte Zooplankton wiederum ist direkt oder indirekt die Nahrung aller größeren Tiere der Arktis und Antarktis. Zudem sinken tote Algen als flockiger Meeresschnee in die Tiefsee und werden von Bodenbewohnern wie Schwämmen aus dem Wasser gefiltert oder von Seegurken verputzt.

Eisalgen

Was nach Schmutz aussieht, sind mikroskopisch kleine braune Algen, die in und unter dem Meereis leben. Sie stehen am Anfang der Nahrungskette in den Polarmeeren und zählen zu den Kieselalgen.

Was ist Plankton?

- **Plankton:** Meeresbewohner, die mit der Strömung treiben.
- **Phytoplankton (pflanzlich):** einzellige Algen, die an der sonnigen Meeresoberfläche leben. Sie binden Kohlendioxid und produzieren Sauerstoff.
- **Zooplankton (tierisch):** ein bunter Haufen, der von kleinen Krebstieren über Fischlarven bis hin zu meterlangen Quallen reicht.

Kleine Krebschen

Krill (1) filtert pflanzliches Plankton aus dem antarktischen Meerwasser und raspelt Eisalgen unter Eisschollen ab. Er spielt als Nahrung für größere Tiere eine wichtige Rolle in der Antarktis. Ganz ähnlich ist es mit dem Ruderfußkrebs (2) in der Arktis. Mithilfe seiner Antennen und Beine erzeugt er eine sogartige Strömung, die ihm Algen direkt vors Maul spült.

Rekord

86 000 Liter

Meerwasser passen in das dehnbare Maul eines Blauwals. Das sind über 400 volle Badewannen!

Ruderfußkrebse in der Arktis

Einige Futtertiere spielen für das Nahrungsnetz in den Polarmeeren eine besonders große Rolle. In der Arktis sind das die Ruderfußkrebse. Sie machen dort 80 bis 90 Prozent des Zooplanktons aus und landen in den Mägen von jungen Polardorschen, Grönlandwalen und Seevögeln wie dem Krabbentaucher. Auch der Polardorsch ist ein wichtiges Glied in der Nahrungskette. Der kälteliebende Fisch wird von Ringelrobben, Belugawalen und Narwalen gejagt.

Krillschwärme in der Antarktis

Das Südpolarmeer dagegen wäre ziemlich unbelebt ohne Krill, der ebenfalls zum Zooplankton gehört. Die sechs Zentimeter langen Leuchtgarnelen bilden riesige, dichte Schwärme. Forschende schätzen das Gewicht des gesamten Krills in der Antarktis auf rund 400 Millionen Tonnen! Mehr bringt keine andere Tierart der Erde auf die Waage. Kein Wunder also, dass es in der Antarktis so viele Fische, Pinguine, Robben, Wale und Seevögel gibt. Sie alle lieben Krill. Manche fressen fast nichts anderes – wie der Krabbenfresser, die häufigste Robbenart der Welt. Furchenwale wie Blau-, Buckel- oder Minkwale sieben tonnenweise Krill pro Tag aus dem Meer. Mit ihrem sehr dehnbaren Kehlsack können sie Hunderttausende Garnelen auf einmal verputzen. Neben dem Krill spielen Antarktische Silberfische eine zentrale Rolle für das Ökosystem in der Antarktis. Die rund 15 Zentimeter langen Planktonfresser machen zum Beispiel im Weddellmeer 90 Prozent aller Fische aus, die nicht am Meeresboden leben. Damit sind sie ein echtes Festmahl für Kaiserpinguine, Weddellrobben und Sturmvögel.

Eisen lässt Algen wachsen

Einige Gebiete im Südpolarmeer sind reich an Nährstoffen. Trotzdem wachsen dort wenig Algen. Forschende sind mit der »Polarstern« in diese Gewässer gefahren und haben mehrere Tonnen Eisensalz hineingekippt. Ergebnis des Experiments: Die Algen vermehrten sich explosionsartig, es kam zur Algenblüte! Eisen ist ein wichtiges Spurenelement. Es gelangt über Flüsse und mit dem Wind als Staub in den Ozean. Doch in der Antarktis gibt es keine Flüsse – und dank der Eisbedeckung auch wenig staubige Landmassen. Deshalb ist Eisen knapp. Ein weiterer Grund könnte der Walfang im 20. Jahrhundert sein. Denn Walkot enthält Eisen und fördert das Algenwachstum. Vor der Jagd auf Wale gab es daher womöglich mehr Algen und auch noch mehr Krill in der Antarktis als heute!

Kolonien – Tier an Tier

Obwohl sie ziemlich groß sind, kann es in den Polarregionen ganz schön eng zugehen. Vor allem zur Fortpflanzung bilden Pinguine, Robben und Seevögel riesige Kolonien. Oft findet man sie dort, wo das Meer reichlich Nahrung bietet. Aber auch weil eisfreie Plätze zur Eiablage und zum Säugen des Nachwuchses rar sind, kommt es in der Arktis und Antarktis zu einem tierischen Gedränge.

Zwischen zwei Kontinenten

Eines der nährstoffreichsten Gewässer der Arktis ist die Beringsee. Sie liegt südlich der Beringstraße, die zwischen Alaska und Sibirien, also zwischen Nordamerika und Asien verläuft. Robben finden hier jede Menge Fisch, Krabben und andere Futtertiere. Zwei Arten, Nördliche Seebären und Stellersche Seelöwen, suchen im Frühjahr die Strände und felsigen Inseln der Region auf. Teilweise versammeln sich über zehntausend Tiere. Die Weibchen gebären zunächst ihre Jungtiere. Wenig später paaren sich mehrere Kühe mit einem einzigen Bullen. Den nächsten Nachwuchs bekommen sie dann ein Jahr später.

Das Ei der Dickschnabellumme hat eine birnenartige Form. So rollt es nicht von der Klippe.

Mehrere Hunderttausend Königspinguine brüten jedes Jahr auf Südgeorgien.

Die Beringsee und die benachbarte Tschuktschensee sind auch die Heimat vieler Walrosse. Mit bis zu 3,5 Meter Länge und 1,5 Tonnen Gewicht sind sie die größte Robbenart der Arktis. Walrosse sind äußerst sozial und leben in Herden nahe der Küste, wo sie nach Muscheln, Krabben oder Seegurken tauchen. Sie fühlen sich im Packeis wohl und liegen gerne eng beieinander auf Eisschollen. Dort werden auch die Jungen geboren. Wenn kein Meereis in der Nähe ist, dösen die Tiere im Sommer zu Tausenden an den Stränden von Alaska und Sibirien.

An senkrechten Klippen

Auf der anderen Seite des Arktischen Ozeans nisten im Frühjahr auf der norwegischen Inselgruppe Spitzbergen viele Millionen Seevögel. Besonders zahlreich ist dort die Familie der Alkenvögel. Die kleinsten und häufigsten Vertreter sind Krabbentaucher. Sie ernähren sich von Floh- und Ruderfußkrebsen und bilden riesige Schwärme. Für die Eiablage bevorzugen sie Berghänge mit losem Gestein. Ihre größeren Verwandten, die Dickschnabellummen, tauchen bis zu 200 Meter tief nach kleinen Fischen. Sie brüten an steilen Felswänden, wo die Eier sicher vor Nesträubern sind.

See-Elefanten verdanken ihren Namen der riesigen Nase ausgewachsener Männchen. Sie können ihren Rüssel aufpumpen, um Drohrufe gegen Rivalen zu verstärken.

Im wilden Paradies

Das wohl vielstimmigste Tierkonzert der Antarktis gibt es auf der Inselgruppe Südgeorgien nordöstlich der Antarktischen Halbinsel zu hören. Das Meer vor der Küste ist voll mit Krill und Fisch. Es lockt unter anderem Tausende Riesensturmvögel, Hunderttausende Königspinguine und Millionen Pelzrobben hierher, die sich fortpflanzen wollen. An Südgeorgiens Stränden tummeln sich auch mehr als 100 000 Südliche See-Elefanten, die größte Robbenart der Welt. Die Männchen können sechs Meter Länge erreichen und vier Tonnen auf die Waage bringen. Die Bullen scharen Dutzende Kühe um sich. Diesen Harem verteidigen sie über Wochen. Oft kommt es zu blutigen Kämpfen zwischen Rivalen. In der Paarungszeit fressen See-Elefanten nicht, sondern zehren von ihrem dicken Speck.

Auf festem Eis

In den tiefsten Süden des Südpolarmeers wagen sich nur zwei Pinguinarten vor: Adelie- und Kaiserpinguine. Beide nisten rings um den antarktischen Kontinent. Adeliepinguine legen ihre Eier im Sommer auf felsigem Untergrund. Kaiserpinguine – mit bis zu 1,30 Metern die größte Art – haben es da schwerer: Sie brüten mitten im Winter bei heftigen Schneestürmen! Die Kolonien befinden sich meist auf dickem Meereis, das an der Küste festgefroren ist. Dort rücken die Männchen, die das Ei warmhalten, ganz eng zusammen. Die Weibchen fressen sich solange im Meer satt. Wenn das Küken geschlüpft ist, lösen sie die hungrigen Väter ab.

Funny Fact

Verräterischer Vogelkot

An der Spitze der Antarktischen Halbinsel liegen die Danger-Inseln. Auf Satellitenfotos bemerkten Forschende auffällige braunrote Flächen. Das konnte nur eins bedeuten: sehr viel Pinguinkot! Einige Arten ernähren sich fast ausschließlich von Krill. Dessen rote Schale ist unverdaulich. Als die Forschenden die Inseln später per Schiff erreichten, zählten sie dort 1,5 Millionen Adeliepinguine!

Robbe ist nicht gleich Robbe!

Robbe ist der Oberbegriff für alle Flossenfüßer. Sie können alle hervorragend schwimmen und tauchen und sind bestens an das Leben im Meer angepasst. Mit ihren empfindlichen Tasthaaren spüren sie dort ihre Beute auf. Um zu dösen oder sich zu paaren, verlassen sie das Wasser. Es gibt drei Gruppen:

- **Hundsrobben** schwimmen mit den Hinterflossen und robben an Land oder auf dem Eis. Beispiele sind Ringelrobben, Weddellrobben, Krabbenfresser, Seeleoparden und See-Elefanten.
- **Ohrenrobben** haben kleine, sichtbare Ohren. Sie paddeln mit den Vorderflossen, die auch an Land zur Fortbewegung dienen. Zu ihnen gehören Seelöwen und Seebären, auch Pelzrobben genannt.
- **Walrosse** haben Heckantrieb und können auf den Vorderflossen laufen. Sie paaren sich im Wasser. Man unterscheidet zwei Unterarten: das Pazifische und das Atlantische Walross.

Die Nördliche Pelzrobbe wurde im späten 19. und frühen 20. Jahrhundert wegen ihres Fells von Menschen gejagt. Heute steht sie unter Schutz, aber Überfischung und der Klimawandel gefährden die Bestände.

Nach ihren Tauchgängen rasten Walrosse gerne auf einer Eisscholle.

Gefürchtete Räuber im Eis

Eisbären haben einen hohen Energiebedarf. Deshalb fressen sie am liebsten Robbenspeck.

Pinguine, Robben und sogar Wale müssen wachsam sein. Denn in den Polarmeeren gibt es hungrige Räuber, die es auf sie abgesehen haben. Sie lauern an Atemlöchern und an der Eiskante, schleichen sich im Schutz der Dunkelheit an und attackieren im Team.

König der Arktis

Eisbären sind die mächtigsten vierbeinigen Raubtiere in der Arktis. Männchen werden bis zu drei Meter groß und 700 Kilogramm schwer. Die Einzelgänger verbringen die meiste Zeit des Jahres auf dem Packeis und streifen auf der Suche nach Beute umher. Am liebsten fressen sie Ringelrobben, aber auch Sattel- und Bartrobben, die im Frühling auf dem Meereis ihren Nachwuchs bekommen. Zur selben Zeit verlassen auch die Eisbärweibchen mit ihren Jungen die schützende Schneehöhle.
Der Robbennachwuchs kann nicht sofort tauchen und versteckt sich anfangs unter dem Schnee. Aber Eisbären riechen ihn aus großer Entfernung. Entwischt ihnen eine größere Robbe durch ein Atemloch unters Eis, legen sich Eisbären auf die Lauer. Früher oder später muss die Robbe wieder Luft holen und wird zu dem Loch im Eis zurückkehren! Wenn das Meereis im Sommer schmilzt, ziehen die Räuber an die arktischen Küsten und fressen Vögel, Beeren oder Seetang. Auch gestrandete tote Wale verschmähen sie nicht.

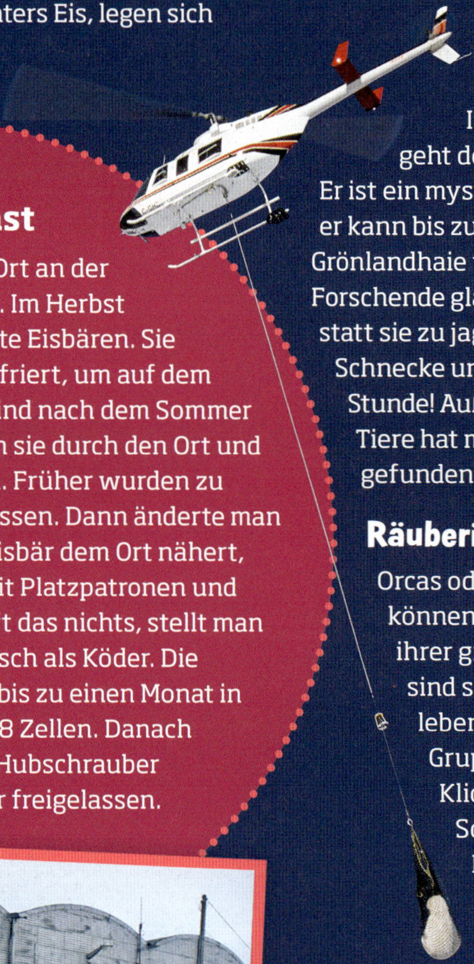

Im Zeitlupentempo

In den Tiefen der arktischen Küstengewässer geht der Grönlandhai oder Eishai auf Beutefang. Er ist ein mysteriöses und wenig erforschtes Wesen, denn er kann bis zu 2000 Meter tief abtauchen. Man weiß, dass Grönlandhaie vor allem Fische, aber auch Robben fressen. Forschende glauben, dass sie Robben im Schlaf überraschen, statt sie zu jagen. Denn der Grönlandhai ist eine echte Schnecke und schwimmt mit nur einem Kilometer pro Stunde! Außerdem frisst er Aas: In den Mägen gefangener Tiere hat man Kadaver von Rentieren und Eisbären gefunden.

Räuberische Bande

Orcas oder Schwertwale leben in allen Ozeanen. Sie können über neun Meter Länge erreichen und sind an ihrer großen Rückenflosse leicht zu erkennen. Orcas sind schnell, ausdauernd und sehr sozial. Die Tiere leben in Familienverbänden und jagen stets in der Gruppe. Um Beute aufzuspüren, erzeugen sie Klicklaute und nehmen die zurückgeworfenen Schallwellen wahr. Sie fressen Fische, Pinguine, Robben und auch andere Wale. In der Arktis greifen sie Narwale und sogar Grönlandwale an, die doppelt so lang sind wie sie selbst – und bis zu 100 Tonnen schwer!

Eisbärenknast

Churchill ist ein kleiner Ort an der kanadischen Hudson Bay. Im Herbst versammeln sich dort Hunderte Eisbären. Sie warten darauf, dass die Bucht zufriert, um auf dem Meereis Robben zu jagen. Die Tiere sind nach dem Sommer ziemlich hungrig. Regelmäßig streifen sie durch den Ort und schnüffeln im Müll nach Essbarem. Früher wurden zu neugierige Eisbären in Churchill erschossen. Dann änderte man die Strategie: Wenn sich heute ein Eisbär dem Ort nähert, wird zunächst versucht, das Tier mit Platzpatronen und Gummigeschossen zu vertreiben. Hilft das nichts, stellt man Käfigfallen auf – mit Robbenfleisch als Köder. Die gefangenen Tiere verbringen dann bis zu einen Monat in einem Eisbärengefängnis mit 28 Zellen. Danach werden sie betäubt und per Hubschrauber 70 Kilometer nördlich wieder freigelassen.

Rekord

392 Jahre

war das geschätzte Alter eines fünf Meter langen Grönlandhais. Möglicherweise werden die Tiere sogar über 500 Jahre alt!

Orcas tauchen oft senkrecht aus dem Wasser auf und halten Ausschau nach Beute auf dem Meereis.

Schlaue Orcas im Südpolarmeer haben zudem gelernt, wie man auf einer Eisscholle dösende Robben erbeutet: Indem die Wale nebeneinander auf die Scholle zuschwimmen, erzeugen sie eine große Welle, die die Robbe ins Wasser wirft.

Wendiger Jäger

Ein häufiges Raubtier im antarktischen Packeis ist der Seeleopard. Die schlanke Robbenart wird bis zu 3,5 Meter groß und hat ein kräftiges Maul mit langen, spitzen Eckzähnen. Sie hält sich in der Nähe von Pinguinkolonien auf und schnappt sich die Vögel, sobald diese sich ins Meer wagen. Auf dem Speiseplan stehen außerdem andere Robben wie zum Beispiel junge Krabbenfresser. Ältere Tiere haben oft Narben früherer Seeleopardenangriffe. Die Jäger fressen auch Krill, Fische und Seevögel – müssen aber selbst auf der Hut vor Orcas sein!

Der Grönlandhai ist der größte Fisch der Arktis. Er kann über fünf Meter Länge und mehr als eine Tonne Gewicht erreichen. Er ist ein echter Blindfisch, denn viele Haie haben Parasiten im Auge. Für die Jagd in der Tiefsee nutzen sie ihren ausgezeichneten Geruchssinn.

Achtung, Gefahr!

Hier lauert ein Seeleopard Adeliepinguinen auf, um sie im Wasser zu schnappen.

Am Meeresgrund

Nur ein Bruchteil des Meeresbodens weltweit ist bislang erforscht, besonders in der Tiefsee. Sie beginnt ab etwa 200 Meter Wassertiefe. Hierhin dringt kein Licht vor. In den Polargebieten erschweren es Meereis und Schelfeise rings um Antarktika zusätzlich, den Meeresgrund zu erkunden. Für Bodenlebewesen bedeutet die Eisbedeckung oft ein extrem knappes Nahrungsangebot. Doch Expeditionen mit dem Forschungsschiff »Polarstern« haben in den dunklen Tiefen der Polarmeere faszinierende Ökosysteme entdeckt.

Auf dem Gipfel eines erloschenen Unterwasservulkans im Nordpolarmeer tummeln sich riesige Schwämme und Seesterne.

Rekord

872 Meter

dick war das Schelfeis, durch das Forschende 2016 im Weddellmeer bohrten. Am Meeresgrund unter dem Eis lebten Schwämme und andere Tiere!

Untermieter: Ein Antarktisdorsch ist in einen Glasschwamm eingezogen.

Im Schwammgarten: Das nadelartige Skelett von Glasschwämmen besteht aus dem Mineral Siliziumdioxid – dem Grundstoff von Glas.

Gläserne Gärten

Durch den Klimawandel sind 1995 und 2002 weite Teile des Larsen-Schelfeises an der Nordostküste der Antarktischen Halbinsel zerfallen. Ein mehrere Tausend Quadratkilometer großes Gebiet verwandelte sich von einer schwimmenden Eisplatte in offenes Wasser. Forschende fragten sich, welche Tiere dort wohl am Meeresgrund leben – und wie sich das Ökosystem ohne den 200 Meter dicken Eisdeckel verändern würde. Also reisten sie mit der »Polarstern« in den Folgejahren mehrfach in die Region. Sie fanden heraus, dass der Meeresboden vor dem Abbruch des Schelfeises nur spärlich besiedelt war. Es gab hier und da ein paar Glasschwämme, Seelilien und andere Organismen, die winzige Nahrungsteilchen aus dem vorbeiströmenden Wasser filterten. Dann aber zerbrach die Eisplatte und Sonnenlicht erreichte die Meeresoberfläche. Plötzlich wuchsen Algen – und ihre Überreste sanken als Meeresschnee in die Tiefe. Seescheiden, Seeigel und Seegurken fanden dadurch Nahrung und eroberten den einst kargen Meeresgrund. Vor allem aber vermehrten sich die Glasschwämme überraschend schnell. Fische, Seeigel, Haarsterne und andere Organismen zogen in die Schwammgärten ein, die viele Verstecke und Plätze zur Eiablage bieten.

Belebte Vulkane

Der zentrale Arktische Ozean nahe dem Nordpol ist ganzjährig von Meereis bedeckt. Dazu kommt die lange Polarnacht. Algen wachsen hier kaum, sodass auch für Bodenbewohner wenig Nahrung abfällt. Umso verblüffter waren Forschende an Bord der »Polarstern«, als sie unweit des Nordpols ein blühendes Ökosystem am Meeresgrund

Dieses Kamerasystem zieht die »Polarstern« bei langsamer Fahrt hinter sich her, sodass es knapp über dem Meeresgrund schwebt. Ein Datenkabel sendet Livebilder aus der Tiefe ins Schiffslabor.

So viele Fischnester!

Eines von 60 Millionen Fischnestern, das Forschende während einer Expedition mit der »Polarstern« am Meeresboden im östlichen Weddellmeer entdeckten.

× 60 000 000

filmten. Neben Garnelen, Seesternen und Moostierchen fanden sie vor allem unzählige Schwämme. Die teils über einen Meter großen Riesenschwämme bewohnen die Gipfel erloschener Unterwasservulkane, etwa 600 bis 750 Meter unter der Wasseroberfläche. Ihre Mahlzeiten bestehen aus schwer verdaulichen Resten von Muscheln und Röhrenwürmern, welche einst auf den aktiven Vulkanen lebten. Die harte Kost verdauen sie mithilfe von Mikroorganismen in ihrem Gewebe.

Mit einem ferngesteuerten Tauchroboter lässt sich der Meeresboden erkunden.

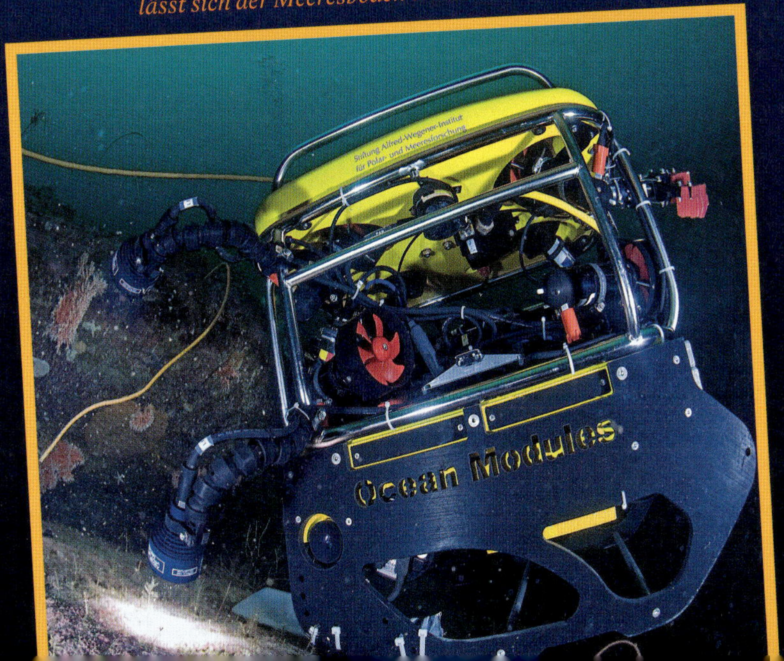

Millionen Nester

Vor Kurzem erkundeten Tiefseeforschende das Leben am Grund des südöstlichen Weddellmeers in der Antarktis. Als ihre Unterwasserkamera den Meeresboden erreichte, staunten sie ungläubig über das, was sie an Bord der »Polarstern« auf den Bildschirmen sahen: Der Meeresboden war übersät mit Fischnestern! Eisfische mit großen Brustflossen und einem krokodilartigen Maul hatten kleine Mulden gebuddelt, um dort ihre Eier zu legen. Nun bewachten sie die Gelege in rund 500 Metern Tiefe. Die Tiere waren sehr abgemagert – wahrscheinlich fressen sie bis zum Schlupf der Larven nicht. Seesterne, Tiefseekraken und andere Organismen knabberten an einigen toten Eisfischen. An der Kamera war auch ein Sonar befestigt. Dieses Gerät sendet Schallwellen aus und erkennt anhand des Echos kleine Unebenheiten am Grund. So konnte die Anzahl der Fischnester in dem Gebiet bestimmt werden. Die Forscherinnen und Forscher zählten 60 Millionen Gelege mit über 100 Milliarden Fischeiern! Das ist die größte Fischbrutkolonie weltweit. Möglicherweise führt eine relativ warme Tiefenströmung die Fische so zahlreich in die Region. Zudem finden die Baby-Eisfische dort reichlich Plankton an der Meeresoberfläche.

Es wird wärmer

In den letzten 150 Jahren hat sich unser Planet um gut ein Grad aufgeheizt. Schuld daran ist die starke Zunahme von Kohlendioxid und anderen Treibhausgasen in der Atmosphäre. Für den Anstieg der Gase sorgen wir, indem wir Öl, Gas und Kohle verbrennen, intensive Landwirtschaft betreiben und Wälder abholzen. Man spricht deshalb auch vom menschengemachten Klimawandel.

Das große Schmelzen

Besonders sichtbar sind die Folgen des Klimawandels in der sogenannten Kryosphäre – das sind die mit Schnee und Eis bedeckten Gebiete der Erde sowie die gefrorenen Böden. Von 1994 bis 2017 sind weltweit 28 Billionen Tonnen Eis verloren gegangen. 28 000 000 000 000! Das entspricht 28 Eiswürfeln mit einer Kantenlänge von je zehn Kilometern. Knapp 80 Prozent davon sind in den Polargebieten verschwunden. Das arktische Meereis geht zurück, die Permafrostböden tauen, Grönlands Gletscher schmelzen und in der Antarktis schrumpfen die Schelfeise. Die Eisverluste lassen den Meeresspiegel ansteigen und verändern die polaren Ökosysteme rasant, vor allem in der Arktis.

Tauwetter
an den Polen

Was die Erde aufheizt

Unser Planet ist ein ziemlich lebensfreundlicher Ort. Zum einen wegen seiner günstigen Entfernung zur Sonne: weit genug weg, um nicht zu verbrutzeln, aber nah genug, um nicht zu erfrieren. Zum anderen sorgen bestimmte Gase in der Atmosphäre dafür, dass die Erde nicht auskühlt. Sie machen nur einen Bruchteil der Gashülle der Erde aus, sind aber entscheidend für ihre Bewohnbarkeit. Seit dem 19. Jahrhundert steigt ihr Anteil allerdings unaufhörlich. Die Folge: Unsere Welt wird wärmer.

Industrie, Verkehr und Landwirtschaft tragen stark zur Erderwärmung bei.

Natürlicher Treibhauseffekt

Die Erde bezieht ihre Energie fast ausschließlich aus der Strahlung, die ihr die Sonne aus 150 Millionen Kilometern Entfernung schickt. Die Erdoberfläche nimmt knapp die Hälfte der Sonnenenergie auf, heizt sich auf und gibt selbst Wärme- oder Infrarotstrahlung ab. Wenn diese Strahlung komplett ins All gelangen würde, wäre unser Planet ein minus 18 Grad Celsius kalter Schneeball. Doch sogenannte Treibhausgase in der Atmosphäre verhindern das, vor allem Wasserdampf, Kohlendioxid (CO_2), Methan und Lachgas. Sie schicken einen Großteil der Infrarotstrahlung zurück zur Erdoberfläche. Dank dieses Treibhauseffekts herrschen auf unserem Planeten durchschnittlich angenehme 15 Grad Celsius.

Menschengemachter Treibhauseffekt

Aber auf der Erde wird es immer wärmer. Besonders seit der Industrialisierung im 19. Jahrhundert, als in Europa und den USA riesige Fabriken mit Dampfmaschinen entstanden, pustet die Menschheit Unmengen an Treibhausgasen in die Atmosphäre. Dadurch wird der Treibhauseffekt verstärkt, also mehr Wärmestrahlung zurückgehalten. Über 90 Prozent dieser überschüssigen Wärme landen bislang in den Ozeanen – der Rest heizt die Atmosphäre und die Kontinente auf, lässt Schnee und Eis schmelzen. In den letzten rund 150 Jahren hat sich die Erde so um 1,2 Grad Celsius erwärmt.

Kohlendioxid, Methan und Lachgas

Etwa die Hälfte des Temperaturanstiegs geht auf das Konto unseres CO_2-Ausstoßes. Das Gas entsteht bei der Nutzung der fossilen Brennstoffe Erdöl, Erdgas und Kohle. Sie

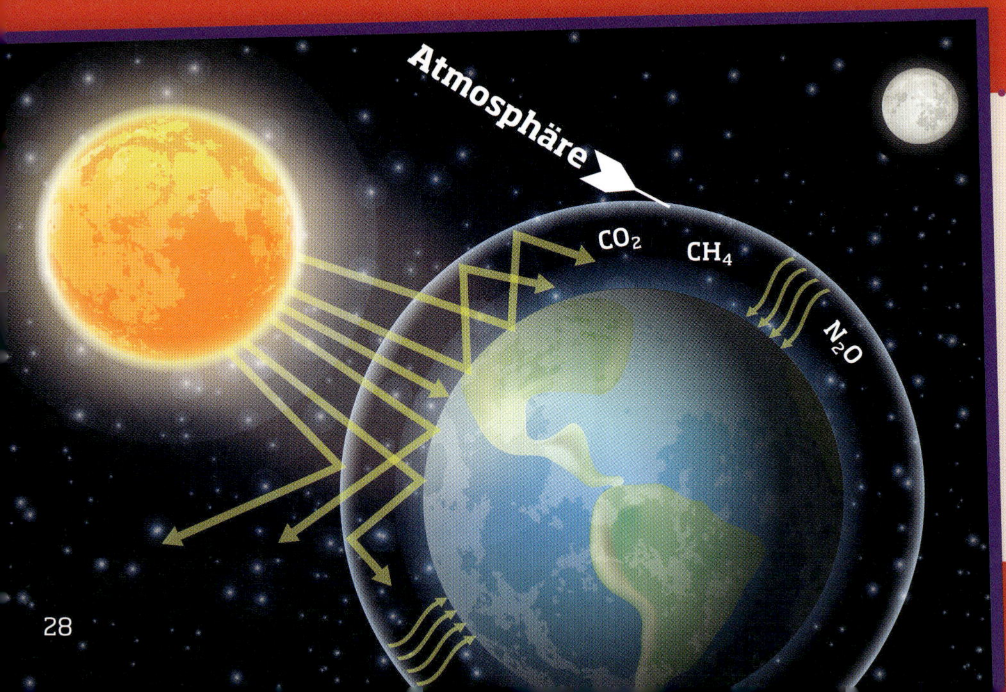

Treibhauseffekt

Sonnenstrahlung, die auf unseren Planeten trifft, wird zum Teil ins All reflektiert. Knapp die Hälfte schafft es jedoch durch die Atmosphäre und erwärmt Kontinente und Ozeane. Die Erdoberfläche gibt Wärme in Form von Infrarotstrahlung wieder ab. In der Atmosphäre nehmen Treibhausgase wie Kohlendioxid (CO_2), Methan (CH_4) und Lachgas (N_2O) Infrarotstrahlung auf und schicken Wärme zur Erde zurück. Ohne diesen Treibhauseffekt wäre es auf unserem Planeten bitterkalt. Weil die Menschheit große Mengen an Treibhausgasen produziert, heizt sich die Erde allerdings immer stärker auf.

werden in den Tanks von Autos, Flugzeugen und Schiffen verfeuert, in Strom und Heizwärme umgewandelt oder für die Stahlerzeugung benötigt. Andere CO_2-Quellen sind die Zementherstellung, Abholzungen und die Trockenlegung von Mooren für die Landwirtschaft. Auch Methan und Lachgas tragen zur globalen Erwärmung bei. Methan, der Hauptbestandteil von Erdgas, tritt aus undichten Bohrlöchern und Gaspipelines aus. Es entweicht zudem aus Kläranlagen und Mülldeponien, aus Reisfeldern und Rindermägen. Lachgas wird ebenfalls in der Massentierhaltung und durch den übermäßigen Einsatz von Düngemitteln freigesetzt.

Angeberwissen

- Der CO_2-Anteil in der Luft wird in »parts per million« (Teile pro Million) oder kurz ppm angegeben.
- 100 ppm CO_2 bedeuten also, dass unter einer Million Gasteilchen in der Luft 100 CO_2-Teilchen sind.

Keelings CO_2-Kurve

Bis zur Mitte des 20. Jahrhunderts war die vom Menschen verursachte Erderwärmung nur Theorie. Den Treibhauseffekt hatte man da zwar schon entdeckt. Und klar war auch, dass sehr viel CO_2 ausgestoßen wurde. Aber niemand wusste, ob sich das Gas in der Luft anreicherte. Viele Forschende glaubten, CO_2 aus der Verbrennung von Erdöl, Gas oder Kohle würde in den gewaltigen Wassermassen der Ozeane verschwinden und keine Spuren in der Atmosphäre hinterlassen.

Seit 1958 wissen wir es besser. In diesem Jahr installierte der US-amerikanische Klimaforscher Charles D. Keeling ein CO_2-Messgerät rund 3 400 Meter über dem Meeresspiegel: auf dem Mauna Loa, einem aktiven Vulkan auf der Insel Hawaii. Keeling wählte den abgelegenen Ort, um Einflüsse von Industriegebieten und anderen CO_2-Quellen auszuschließen. Seine Daten zeigten, dass der mittlere CO_2-Gehalt der Atmosphäre von Jahr zu Jahr steigt. Die Messungen werden bis heute fortgeführt. Die Keeling-Kurve ist der vielleicht wichtigste Umweltdatensatz des 20. Jahrhunderts. Denn er belegt, wie der Mensch das Klima der Erde beeinflusst.

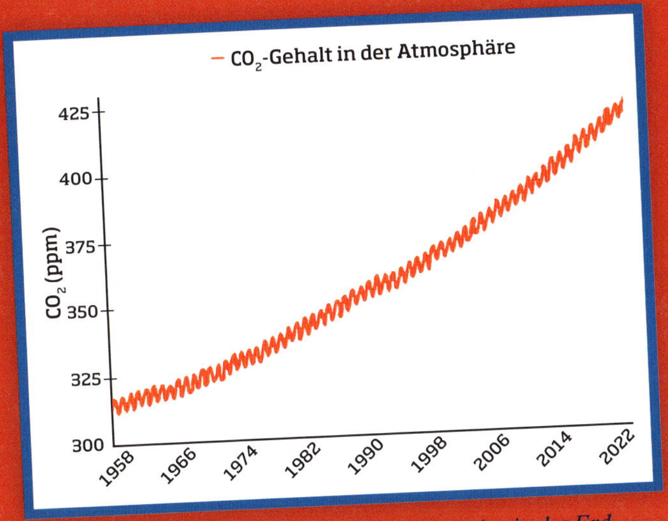

Die Keeling-Kurve beschreibt den CO_2-Anstieg in der Erdatmosphäre seit 1958. Für die Schwankungen nach oben und unten sorgen die Pflanzen auf der Nordhalbkugel: Während ihres Wachstums im Frühjahr und Sommer speichern sie viel CO_2 – die Kurve fällt. Im Herbst und Winter verrotten Blätter und andere Pflanzenteile, wodurch CO_2 freigesetzt wird.

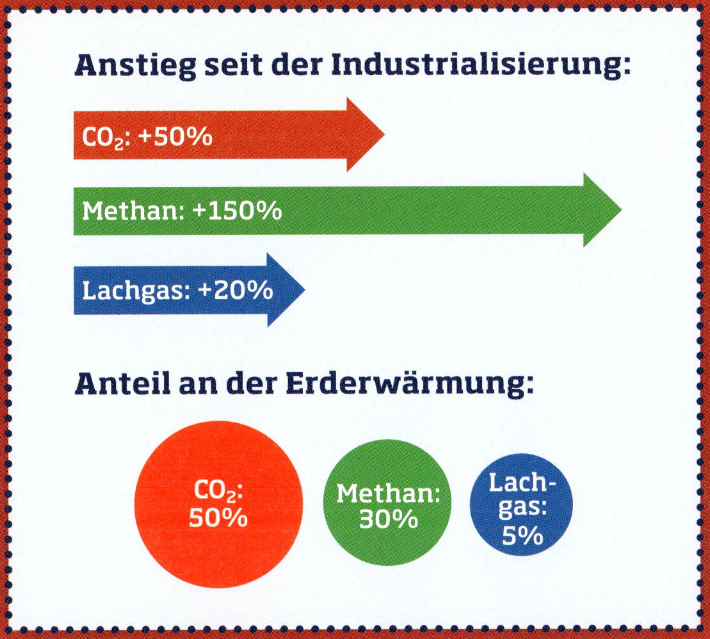

Schon gewusst?

Die Weltmeere können enorme Mengen Wärme speichern und heizen sich viel langsamer auf als die Atmosphäre. Damit sich der globale Ozean bis in die Tiefsee um ein Grad erwärmt, ist 1 000 Mal so viel Wärmeenergie nötig wie für denselben Temperaturanstieg in der Atmosphäre.

Kaum Eis im Nordpolarmeer

Weniger Meereis

Im Rekordjahr 2012 erreichte das arktische Meereis seine bisher geringste Ausdehnung. Damals bedeckten die Schollen im September nur noch die Hälfte der einst üblichen Fläche. Ähnlich niedrig war die Eisbedeckung im Nordpolarmeer am Ende des Sommers 2020.

In der Arktis schlägt der Klimawandel besonders hart zu. Die sommerliche Eisbedeckung ist hier in den letzten Jahrzehnten extrem zurückgegangen, da sich die Region schneller erwärmt als andere Erdteile. Aber warum ist das eigentlich so?

Dünnes Eis

Im Winter liegt das Nordpolarmeer unter einer 15 Millionen Quadratkilometer großen Eisdecke. Im Frühjahr beginnt diese zu schrumpfen, bis sie im September ihre geringste Ausdehnung erreicht, das Sommerminimum. 1979 begannen Forschende, das Meereis mithilfe von Satelliten zu vermessen. Seitdem ist das Sommerminimum von gut sieben auf etwa 4,5 Millionen Quadratkilometer gesunken. Die verschwundene Eisfläche ist siebenmal so groß wie Deutschland!
Zugleich wird das Eis immer dünner. Früher trieben im Arktischen Ozean viele drei Meter dicke Schollen, die einen oder mehrere Sommer überlebt hatten. Dieses mehrjährige Meereis gibt es heute kaum noch. Insgesamt hat die sommerliche Eisdecke über 75 Prozent ihrer Masse eingebüßt. Bald schon könnte das Nordpolarmeer daher im Sommer nahezu eisfrei sein.

Hungrige Bären

Durch den Rückgang des Meereises wird es für Eisbären schwieriger, Robben zu jagen. Folglich müssen sich die Tiere nach anderen Futterquellen umsehen. Immer öfter wandern sie daher von der Küste tief ins Landesinnere. Im Sommer 2018 überraschte ein Eisbär die Wissenschaftler der Summit Station auf dem Gipfel des Grönländischen Eisschilds. Die Forschungsstation liegt in 3 200 Metern Höhe, gut 400 Kilometer von der Küste entfernt! Die Forschenden mussten sich eineinhalb Tage ins Haupthaus zurückziehen, während der Eisbär seine Nase in Zelte und den Müll steckte. Der Klimawandel erhöht also die Gefahr, dass sich Mensch und Eisbär begegnen.

Albedo-Effekt

Durch den Klimawandel schmelzen die Eisschollen in der Arktis immer eher im Jahr und werden nicht mehr so dick wie früher. Wenn der Schnee auf dem Meereis taut, entstehen tiefblaue Schmelztümpel. Diese nehmen wie auch das offene Meer mehr Sonnenenergie auf als weiße Schnee- oder Eisflächen. Das beschleunigt den Schmelzprozess.

Der Atlantik erobert die Arktis

In der Barentssee, die vor Norwegen und dem westlichen Teil Russlands liegt, ist der Eisrückgang besonders dramatisch. Dort treiben selbst im Winter nur noch wenige Eisschollen. Schuld daran ist unter anderem Atlantikwasser, das immer weiter nach Norden in die Barentssee vordringt. Sie ist daher salziger und wärmer als früher, was die Meereisbildung verhindert. In der Forschung nennt man dieses Phänomen die Atlantifizierung der Arktis.

Ein Teufelskreis

Das Meereis schmilzt, weil der Klimawandel in der Arktis besonders rasant verläuft. Um mehr als drei Grad Celsius hat sich die Region in den vergangenen 50 Jahren aufgeheizt – dreimal so schnell wie der Rest des Planeten! Der Eisrückgang ist auch deshalb so massiv, weil sich dieser Prozess selbst verstärkt. In der Wissenschaft nennt man das eine positive Rückkopplung. Je weniger Meereis den Ozean bedeckt, desto schlechter ist dieser isoliert und desto mehr Wärme kann er aufnehmen. Das verzögert den Gefrierprozess im Herbst. Zudem sind die arktischen Winter heute milder. So bilden sich dünnere Eisschollen, die im Frühjahr umso schneller schmelzen. Damit wird die eisfreie Meeresfläche noch größer – ein Teufelskreis.

Der Albedo-Effekt

Eine entscheidende Rolle beim verstärkten Schmelzprozess spielt die sogenannte Albedo. Dieser Wert gibt an, wie weiß eine Oberfläche ist und wie viel Strahlung sie reflektiert. Frischer Schnee hat eine sehr hohe Albedo und reflektiert bis zu 90 Prozent des Sonnenlichts, Meer- oder Gletschereis etwa 20 bis 40 Prozent. Wasser dagegen hat eine sehr geringe Albedo und nimmt gut 90 Prozent der Strahlung auf. Wenn nun durch den Klimawandel die eisfreie Ozeanfläche wächst und sich Schnee auf dem arktischen Meereis in dunkle Schmelztümpel verwandelt, nimmt das Nordpolarmeer mehr Sonnenenergie auf und erwärmt sich.

Gewinner und Verlierer

Für einige Lebewesen hat der Eisrückgang Vorteile, etwa Algen. Pflanzliches Plankton wächst im offenen Wasser besser, weil mehr Licht in die Tiefe dringt. Auch Orcas und andere Wale erobern die eisfreien Gebiete. Gleichzeitig gibt es zahlreiche Verlierer dieser Entwicklung. Tiere wie Polardorsche, Ringelrobben und Walrosse sind auf das Meereis angewiesen – als Futterstelle, Kinderstube oder Rastplatz. Bedroht sind auch Eisbären. Ohne Meereis, auf dem sie auf Robbenjagd gehen können, müssen sie weitere Wege zurücklegen und im Sommer länger fasten. Damit sinken vor allem die Überlebenschancen des Nachwuchses. In manchen Gebieten der Arktis wird es daher in Zukunft vermutlich keine Eisbären mehr geben.

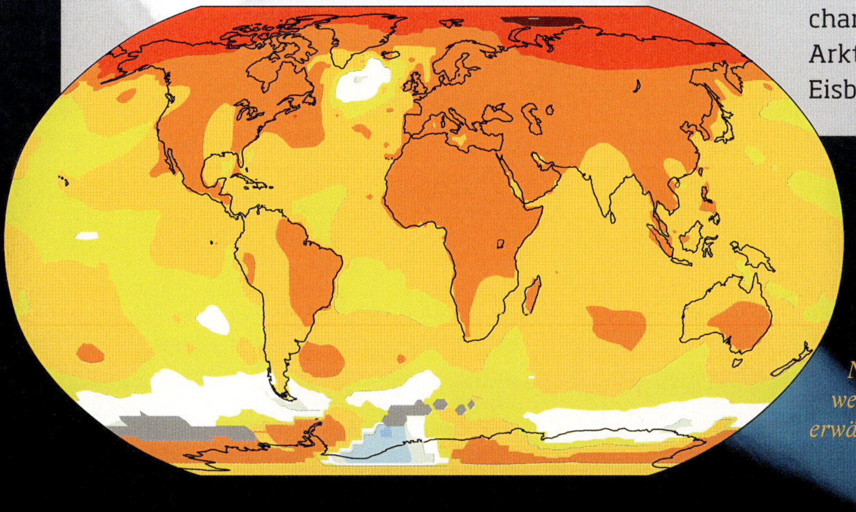

Hotspot

Die Karte zeigt den Temperaturanstieg in den letzten 50 Jahren. Rote Bereiche sind über zwei Grad Celsius wärmer als früher. Die Arktis heizt sich schneller auf als der Rest der Erde. Insgesamt ist die Erwärmung auf der Nordhalbkugel größer als auf der Südhalbkugel. Vor allem, weil es hier größere Landmassen gibt, die sich schneller erwärmen als die Ozeane.

Grönland – der Meeresspiegel steigt

Östlich von Kanada liegt die größte Insel der Erde: Grönland, das im Norden an den Arktischen Ozean grenzt. 80 Prozent der Insel sind von Eis bedeckt, stellenweise drei Kilometer dick. Der Grönländische Eisschild hält rund zehn Prozent des weltweiten Gletschereises. Doch dieses Eis schmilzt und viele der rund 14 000 Gletscher, die auf Grönland gezählt wurden, schrumpfen. Unmengen an Süßwasser gelangen so in den Ozean.

Aus dem Gleichgewicht

Grönlands Eismassen fließen vom zentralen Hochland über große Eisströme zur Küste hin. Dort kalben die Gletscher – es brechen also riesige Eisberge ab, die im Wasser treiben.

Eisinsel

Grönland ist sechsmal so groß wie Deutschland und überwiegend von Gletschereis bedeckt. Große Eisströme fließen vom Zentrum der Insel ins Meer. Zur Küste hin wird das Eis schneller. An den roten Stellen erreicht es eine Geschwindigkeit von mehreren Kilometern pro Jahr.

Im Sommer rauscht zudem Schmelzwasser die Eishänge hinab ins Meer. Zugleich verdichtet sich der Schnee auf dem Eisschild zu Gletschereis und sorgt für Nachschub. Früher glichen sich die Eisverluste und -gewinne aus. Aber sowohl das Kalben der Gletscher als auch die Menge an Schmelzwasser haben durch den Klimawandel extrem zugenommen. Dadurch steigt der Meeresspiegel. In den letzten 30 Jahren hat Grönland fünf Billionen Tonnen Eis verloren. Auf der Fläche Deutschlands würde es sich 14 Meter hoch türmen!

Wärmer, dunkler, schneller

Die Eisverluste sind zum einen das Ergebnis steigender Temperaturen in der Atmosphäre, besonders im Sommer. Warme Luft führt dann zum Schmelzen der Gletscheroberfläche und die Gletscher verlieren an Höhe. Weil es weiter unten wärmer ist als in höheren Lagen, sind sie immer wärmerer Luft ausgesetzt und schmelzen umso schneller. Ein weiterer Grund ist die Verdunklung des Eisschilds. Neben Staub und Ruß – aus Fabriken in Europa oder von Waldbränden in Kanada – stecken dahinter vor allem Eisalgen. Sie wachsen massenhaft an den Rändern des Eisschilds und verleihen den Gletschern eine graue Farbe. Dank der Algen nehmen diese mehr Sonnenenergie auf und schmelzen rascher. Über Spalten und Löcher im Eis versickert das Schmelzwasser bis zur Gletscherunterseite. Dort bildet es einen Gleitfilm, der das Eis leichter bergab rutschen lässt. Außerdem sorgt die Ozeanerwärmung für eine höhere Fließgeschwindigkeit der Gletscher, die ins Meer münden. In Grönlands Fjorde schwappt immer wärmeres Wasser und nagt an den schwimmenden Gletscherzungen.

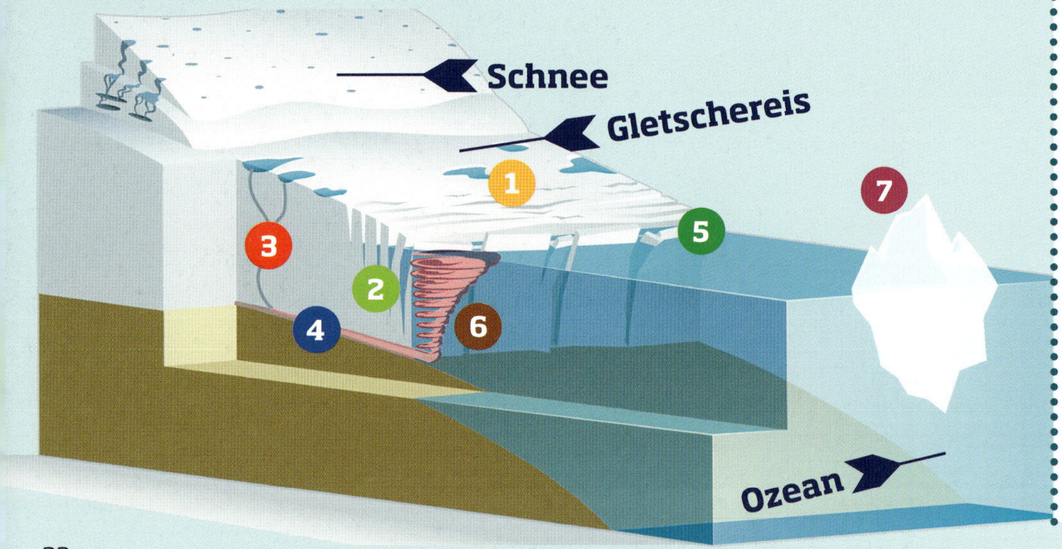

Ein Riese schrumpft

In der Schmelzsaison entstehen auf den Gletschern Flüsse und Seen (1). Das Schmelzwasser dringt über Spalten (2) und sogenannte Gletschermühlen (3) bis zum Grundgestein. Dort bildet es einen Gleitfilm (4), der das Eis schneller Richtung Meer rutschen lässt. An der Gletscherfront (5) steigt süßes Schmelzwasser auf (6), weil es leichter ist als Salzwasser. Dabei gelangen Nährstoffe an die Meeresoberfläche, die für starkes Planktonwachstum sorgen. Durch den Klimawandel brechen heute mehr Eisberge ab (7). Sie verdrängen Meerwasser, sodass der Meeresspiegel ansteigt.

Eisalgen, Staub und Ruß verdunkeln die Gletscher. Dadurch nimmt das Eis mehr Sonnenstrahlung auf und schmilzt schneller.

Unglaublich!

99 Prozent der Eisfläche Grönlands fingen im Sommer 2012 an zu schmelzen. Eine Hitzewelle sorgte selbst auf dem 3 200 Meter hohen Gipfel der Insel für Plusgrade. Das kommt eigentlich nur alle 250 Jahre vor. Aber schon 2019 und 2021 herrschte dort erneut Tauwetter.

Was lässt den Pegel steigen?

In den letzten 50 Jahren hat der Meeresspiegel um zehn Zentimeter zugelegt. Derzeit steigt er jedes Jahr um vier Millimeter an. Küstenstädte und Inseln sind davon bedroht. Ein Drittel des Anstiegs beruht auf der Ozeanerwärmung. Denn Wasser dehnt sich aus, wenn es sich aufheizt. Das Schmelzwasser von Inlandeis und schneller fließende Gletscher – zum Beispiel auf Grönland – machen knapp 60 Prozent aus. Schmilzt Eis, das bereits im Ozean treibt – Eisberge, Meer- oder Schelfeis –, bleibt der Meeresspiegel allerdings nahezu unverändert. So wie ein schmelzender Eiswürfel im Wasserglas den Wasserstand nicht erhöht. Grönland trägt ein Fünftel zum globalen Meeresspiegelanstieg bei. Forschende warnen: Teile des Eisschilds könnten komplett abschmelzen. Das dürfte zwar viele Jahrhunderte dauern. Aber auf Grönland lastet genügend Eis, um den Meeresspiegel um 7,4 Meter zu erhöhen! Große Küstengebiete würden dadurch überflutet. Zudem könnte das süße Schmelzwasser den Salzgehalt im Nordatlantik senken. So würde das Meerwasser leichter und könnte weniger gut in die Tiefsee absinken. Der Motor der globalen Ozeanzirkulation würde gebremst – und damit auch der Golfstrom, der Westeuropa milde Winter beschert.

Wo Gletscher ins Meer münden, gibt es reichlich Plankton und Fisch. Das lockt Buckelwale an. Ziehen sich Gletscher aufs Festland zurück, verschwindet der Nahrungsreichtum.

Vor einigen Jahren waren diese Felsen noch von Gletschereis bedeckt.

Kohlenstoffbombe Permafrost

Wusstest du, dass 15 Prozent der Landfläche auf der Nordhalbkugel im Untergrund ganzjährig gefroren sind? Diese Dauerfrostböden – auch Permafrost genannt – sind riesige Kühltruhen, in denen uralte Tier- und Pflanzenreste lagern. Durch den Klimawandel taut diese Biomasse nun teilweise auf. Mikroorganismen machen sich darüber her und bilden Treibhausgase, die den Temperaturanstieg in der Atmosphäre weiter befeuern.

Jahrtausende gefroren

Man findet Permafrost in den eisfreien Polargebieten sowie in Hochgebirgen wie dem Himalaya. Die mit Abstand größten Vorkommen gibt es im Norden von Kanada und dem russischen Sibirien. Sie sind ein Erbe der letzten Kaltzeit zwischen 115 000 und 11 700 Jahren vor heute. Im Nordosten Sibiriens, der damals nicht von Gletschern bedeckt war, drang eisige Polarluft tief in die Erde. Daher ist die gefrorene Bodenschicht dort heute stellenweise über einen Kilometer dick!
Der Permafrost beginnt in rund 20 bis 200 Zentimetern Tiefe. Darüber liegt die Temperatur im Sommer oberhalb des Gefrierpunkts. Neben toter Biomasse enthält Permafrost Sand oder Gestein und Eis. Mancherorts besteht er fast nur aus gefrorenem Wasser. In der sibirischen Tundra, einer baumlosen Kältesteppe, stecken im Untergrund bis zu 40 Meter lange und sechs Meter breite Eiskeile. Diese entstehen, weil während der Schneeschmelze im Frühjahr immer wieder Wasser durch Risse im Boden versickert und gefriert. Den kältesten Permafrost hat man auf den Inseln der kanadischen Arktis entdeckt. Dort ist der Boden im Jahresdurchschnitt minus 15 Grad Celsius kalt.

Tauwetter im Erdreich

Die steigenden Temperaturen in der Atmosphäre sorgen dafür, dass auch die arktischen Böden wärmer werden. Mithilfe von Messstationen rings um die Arktis haben Forscherinnen und Forscher von 2007 bis 2016 eine Erwärmung des Permafrosts von durchschnittlich 0,3 Grad Celsius festgestellt. An manchen Orten stieg die Temperatur sogar dreimal so stark. Dadurch beginnt das Bodeneis zu schmelzen und der Boden sackt in sich zusammen. Es bilden sich Tümpel und Seen. Weil dunkle Wasserflächen mehr Sonnenenergie aufnehmen, taut der Permafrost darunter noch schneller.

Gase aus dem Boden

Wissenschaftlerinnen und Wissenschaftler sind vor allem besorgt wegen der kohlenstoffreichen Tier- und Pflanzenreste im Boden. Insgesamt schlummert im Permafrost rund doppelt so viel Kohlenstoff, wie die Atmosphäre enthält. Ein Teil der bislang tiefgefrorenen Biomasse taut nun auf. Mikroorganismen recyceln diese und produzieren dabei Treibhausgase. Ist der Boden gut belüftet, zersetzen sie die Tier- und Pflanzenreste zu Kohlendioxid – das für das Klima eine große Rolle spielt. Im Schlick am Grund von Seen und in Sumpfgebieten verwandeln bestimmte Einzeller Biomasse in Methan, ein noch stärkeres Treibhausgas. Je mehr sich die Arktis zukünftig aufheizt, desto mehr CO_2 und Methan dürften aus dem Boden in die Atmosphäre entweichen. Das würde die Erde zusätzlich erwärmen und das Tauen des restlichen Permafrosts beschleunigen.

Eiskeile

Merkwürdige Netzmuster durchziehen die arktische Landschaft. Sie zeigen Spalten im Untergrund an, in denen dicke Eiskeile stecken. Im Winter zieht sich der Permafrost aufgrund der Kälte zusammen. So entstehen metertiefe Risse, die sich nach der Schneeschmelze im Frühjahr mit Wasser füllen. Im Boden gefriert das Wasser wieder. Dabei dehnt es sich aus. Der Prozess wiederholt sich über viele Jahre, sodass sich keilförmige Eisblöcke bilden. Schmilzt das Eis, weil das Klima wärmer wird, entstehen Hohlräume und der Boden sackt ab. Allmählich verwandeln sich diese Vertiefungen in Seen.

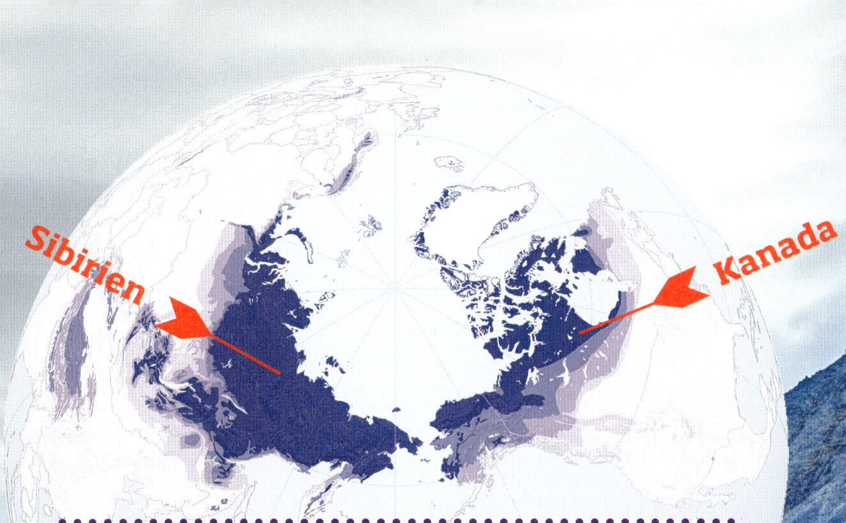

Harte Böden

Das Erdreich in der Arktis ist größtenteils gefroren. Doch wie die Meereisgrenze im Arktischen Ozean wandert auch die Permafrostgrenze durch die Erderwärmung weiter nach Norden. Je nach Anteil der Fläche, die im Untergrund gefroren ist, unterscheidet man vier Permafrost-Typen:

- Kontinuierlicher Permafrost: über 90%
- Nicht kontinuierlicher Permafrost: 50–90%
- Sporadischer Permafrost: 10–50%
- Vereinzelt auftretender Permafrost: unter 10%

Das Bodeneis schmilzt und der Meereisrückgang sorgt für höhere Wellen. An den Küsten der Arktis geht so immer mehr Land verloren, stellenweise über 20 Meter pro Jahr.

Rekord

38 °C

wurden im Juni 2020 im sibirischen Ort Werchojansk gut 100 Kilometer nördlich vom Polarkreis gemessen. So heiß war es noch an keinem Ort in der Arktis.

Urzeit-Mumien

Weil der Boden taut, bröckeln die Küsten und Flussufer in Sibirien. Dadurch treten immer wieder Knochen und sogar vollständig erhaltene Körper von Urzeittieren zutage, die im Permafrost über viele Jahrtausende konserviert wurden. Zu den spektakulären Funden gehören unter anderem Mammuts, Wollnashörner und Höhlenlöwen.

Mammutbaby

Schon gewusst?

Permafrost gibt es nicht nur an Land, sondern auch im Arktischen Ozean. Er hat sich während der letzten Kaltzeit an Land gebildet, als der Meeresspiegel mehr als 100 Meter niedriger lag als heute. Damals war sehr viel Wasser in gewaltigen Eisschilden gebunden, etwa in Nordamerika und Skandinavien. Als diese Gletscher am Ende der Kaltzeit vor rund 12 000 Jahren schmolzen, ließen sie die Ozeane anschwellen. Daher befinden sich diese gefrorenen Böden heute unter dem Meeresboden.

Bröckelndes Schelfeis

Im Gegensatz zur Arktis ist der Klimawandel in der Antarktis bislang noch nicht so sichtbar. Das liegt unter anderem daran, dass es dort viel kälter ist. Die Temperaturen müssen also viel stärker ansteigen, ehe das Eis rings um den Südpol schmilzt. Aber auch in Teilen der Antarktis beobachten Forschende schon heute massive Eisverluste. Vor allem die Gletscher der Westantarktis schwinden rasant. Warmes Meerwasser lässt ihre Schelfeise schmelzen, sodass die Gletscher schneller ins Meer fließen.

Schwimmende Gletscher

Mit 12,3 Millionen Quadratkilometern ist der Antarktische Eisschild siebenmal so groß wie Grönlands Eispanzer. Im Schnitt beträgt die Eisdicke gut zwei Kilometer. Wo der Eisschild den Ozean erreicht, gehen die Gletscher in Schelfeise über. Diese Eisplatten können über einen Kilometer dick sein und Hunderte Kilometer weit ins Meer ragen. Sie umgeben drei Viertel der antarktischen Küstenlinie und schwimmen über dem Kontinentalschelf. So nennt man die überfluteten Teile der Kontinente in flachen Meeresgebieten.

Wenn die Bremsen versagen

Die Schelfeise liegen zum Teil auf Unterseebergen und Inseln auf. Am Übergang vom Land zum Ozean haben sie Kontakt mit dem Meeresgrund. Dadurch bremsen sie das Fließtempo der Gletscher. Zugleich sind die Schelfeise die Schwachstelle des Eisschildes: Schmelzen sie, beschleunigen die Gletscher. So gelangt mehr Inlandeis in den Ozean. Würde der gesamte antarktische Eisschild verschwinden, läge der Meeresspiegel 58 Meter höher!

Warmes Wasser aus der Tiefe

Das meiste Eis befindet sich in der Ostantarktis. Eine 3500 Kilometer lange Bergkette trennt sie von der Westantarktis. Dank steigender Schneefälle hat das Eis im Osten zugenommen. Im Westen dagegen schrumpfen die Gletscher, besonders an der Küste der Amundsensee. Warmes Tiefenwasser schwappt dort auf das Kontinentalschelf und strömt unter die Schelfeise, die dünn und brüchig werden. Immer wieder brechen riesige Tafeleisberge ab. Zwei mächtige Eisströme, der Pine-Island- und der Thwaites-Gletscher, haben auf diese Weise enorm an Masse verloren. Sie allein könnten die Weltmeere in den nächsten Jahrhunderten mehr als einen Meter ansteigen lassen. Forschende befürchten, dass auch das Filchner-Ronne-Schelfeis im südlichen Weddellmeer abschmelzen könnte. Seine Eisplatte ist so groß wie Schweden! Bislang verhindert sehr kaltes Wasser auf dem Kontinentalschelf im Weddellmeer, dass warmes Tiefenwasser unter das Schelfeis strömt. Aber noch in diesem Jahrhundert könnte der Klimawandel einen unaufhaltsamen Schmelzprozess in Gang setzen.

Schrumpft das Meereis im Südpolarmeer?

Anders als das Nordpolarmeer ist das Südpolarmeer nicht von Land umgeben. So kann sich das Meereis im Winter ungehindert ausbreiten. Es bedeckt dann gut 18 Millionen Quadratkilometer, eine Fläche größer als Südamerika. Im Sommer schrumpft die Meereisfläche auf ein Sechstel. Lange Zeit schien die Eisbedeckung im antarktischen Winter sogar zu wachsen. In den letzten Jahren hat sie aber wieder abgenommen. Im antarktischen Sommer 2022 fiel sie auf ein Rekordminimum. Insgesamt gibt es für die letzten 40 Jahre keine eindeutige Tendenz. Forschende glauben, dass vor allem natürliche Klimaschwankungen hinter dem Auf und Ab der Eisbedeckung stecken. Langfristig könnte sie dennoch zurückgehen. Das Meereis spielt eine große Rolle für die Nahrungskette im Südpolarmeer: Krill-Larven grasen Algen an der Unterseite der Schollen ab, Antarktische Silberfische legen dort ihre Eier. Ohne Meereis hätten Pinguine, Robben, Seevögel und Wale daher weniger zu fressen.

Larsen-B-Schelfeis

Nirgendwo heizt sich die Antarktis schneller auf als an der Antarktischen Halbinsel. 2002 zerbröselte dort innerhalb weniger Wochen das Larsen-B Schelfeis. Die Eisfläche war mehr als dreimal so groß wie Berlin. Tausende Eisberge trieben im westlichen Weddellmeer. Das benachbarte Larsen-A-Schelfeis zerfiel bereits 1995.

Der Westen schmilzt

Diese Karte, auf der Eiszuwächse in Blau und Eisverluste in Gelb und Rot dargestellt sind, zeigt: Die Antarktische Halbinsel und die Westantarktis verlieren jede Menge Eis. Weil sich Atmosphäre und Ozean erwärmen, zerfallen dort die Schelfeise. Sie wirkten bisher als Bremsklötze großer Gletscher. Die riesigen Schelfeise im Ross- und im Weddellmeer sind davon heute zum Glück noch nicht betroffen.

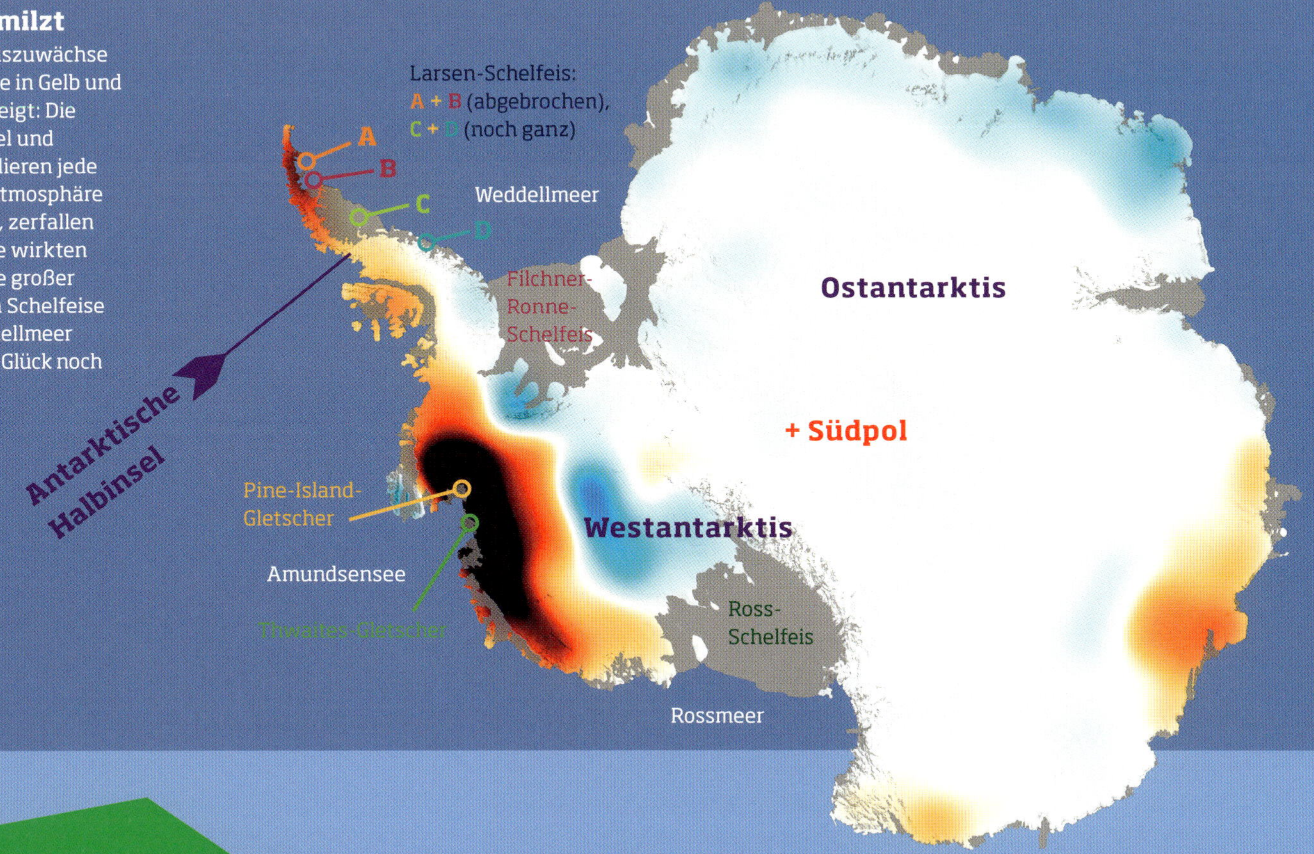

➡ Rekord

–2,5 °C

hat das weltweit kälteste Wasser im Ozean. Es strömt unter dem Filchner-Ronne-Schelfeis. Wegen seines hohen Salzgehalts und des hohen Drucks in der Tiefe gefriert es nicht.

Weddellmeer-Expedition

Forschende auf der »Polarstern« untersuchen, ob das antarktische Meereis langfristig zurückgeht. Bisher gibt es keinen klaren Trend.

Schelfeis

Schwimmende Schelfeisplatten umgeben Antarktika. Manchmal brechen große Stücke ab und werden zu Tafeleisbergen. Wo das Schelfeis schwindet, rutscht mehr Gletschereis in den Ozean und hebt den Meeresspiegel an.

Den Klimawandel erforschen

Spurensuche in Eis und Ozean

Dem Klimawandel auf die Schliche zu kommen, ist eine komplizierte Sache, besonders in den Polarregionen. Das liegt zum einen daran, dass weite Teile der Arktis und Antarktis nur mit Eisbrechern oder Polarflugzeugen zu erreichen sind. Entsprechend aufwendig sind Messungen dort. Zum anderen benötigen Forschende meist Daten über sehr lange Zeiträume, um eindeutige Klimatrends herauslesen zu können. Der Ozean etwa erwärmt sich sehr viel langsamer als die Atmosphäre und seine Bedeckung mit Meereis unterliegt natürlichen Schwankungen.

Von Bojen bis Eisbohrkernen

Daher werden verschiedene Technologien genutzt, um die Veränderungen in den Polarregionen zu erforschen: von Umweltsatelliten über Bojen bis hin zu Messgeräten, die mit tonnenschweren Gewichten am Meeresgrund verankert werden. Wissenschaftlerinnen und Wissenschaftler lassen auch unbemannte Unterwasserfahrzeuge im Ozean umherfahren. Außerdem befestigen sie Sender an Walen und Robben, die Daten unter dem Meereis sammeln. Und wie blicken Forschende in die Vergangenheit? Dazu nutzen sie Bohrkerne aus Gletschern und dem Meeresboden. Mit großen Bohrern werden diese Proben entnommen. Sie verraten, welches Klima in den Polarregionen vor vielen Jahrtausenden herrschte. Das ist wichtig, um zu verstehen, wie es dort in Zukunft aussehen könnte.

IOW
SDL 200 kN
SWL 12,5 t - 18,73

Überwachung der Erde

Verschiedene Faktoren beeinflussen das Klima der Erde. Die Menschheit stößt Treibhausgase aus, die den Planeten erwärmen. Daneben gibt es natürliche Klimafaktoren, die ihn kühlen oder aufheizen – etwa Vulkanausbrüche sowie Schwankungen von Meeresströmungen und der Luftzirkulation in der Atmosphäre. In manchen Jahren ist es daher besonders warm, in anderen kälter. Auch in den Polarmeeren treibt mal mehr, mal weniger Meereis als üblich. Um langfristige Klimaveränderungen zu erkennen, sammeln Forscherinnen und Forscher deshalb über viele Jahre Daten und Proben. Im Wasser und an Land, aus der Luft und aus dem All beobachten sie den Klimawandel an den Polkappen.

Verankerungen werden regelmäßig aus dem Meer geholt. Dann werden die aufgezeichneten Daten gesichert, die Batterien gewechselt und alles wieder am Meeresgrund abgesetzt. Als Anker dienen meist alte Eisenbahnräder.

Verankerungsketten

Forschende überwachen die Umweltveränderungen in den Polarmeeren, indem sie Messgeräte am Meeresgrund verankern, die rund um die Uhr Wassertemperatur, Salzgehalt und andere Daten aufzeichnen. Eine solche Verankerung besteht aus einem tonnenschweren Gewicht, einem kilometerlangen Seil, an dem die Instrumente hängen, und Auftriebskugeln, die das Seil senkrecht im Wasser halten. Auch unter Schelfeisen werden Instrumente verankert. Dazu bohren Forschende mit heißem Wasser Löcher durch viele Hundert Meter dickes Eis.

Wasserschöpfer

Das wichtigste Instrument in der Meeresforschung wird per Schiff an einem Drahtseil bis in 6 000 Meter Wassertiefe versenkt: die CTD-Rosette. Ihr Herzstück ist die CTD, eine Sonde zur Messung von Salzgehalt, Temperatur und Druck. An dem Stahlrahmen sind außerdem Plastikrohre befestigt, deren Deckel unter Wasser zuschnappen, um Proben zu sammeln. Diese werden dann an Deck geholt und im Labor analysiert, etwa auf die enthaltene Menge an Treibhausgasen.

Forschungsschiffe

Um in den Polarmeeren Messgeräte in die Tiefe hinabzulassen, benötigt man eistaugliche Forschungsschiffe mit Kränen und kilometerlangen Stahlseilen. Deutschland hat mit dem Eisbrecher »Polarstern« und der »Maria S. Merian« zwei solcher Schiffe. Während die »Polarstern« auch in dichtem Packeis problemlos manövrieren kann, forscht die »Merian« in der Eisrandzone. Sie ist regelmäßig vor der Küste Grönlands unterwegs.

Treibbojen

In den Ozeanen treiben rund 4 000 Messbojen. Sie folgen der Strömung, die meiste Zeit in 1 000 Meter Tiefe. Alle zehn Tage sinken sie zunächst in 2 000 Meter Tiefe ab und steigen dann zur Meeresoberfläche auf. Dabei messen sie Temperatur und Salzgehalt, manche auch Sauerstoff- oder Algenkonzentration. An der Oberfläche werden die Messwerte an einen Satelliten und von dort aus zur Auswertung an weltweite Datenzentren geschickt. Spezielle Treibbojen erkennen sogar Meereis und tauchen nur in eisfreien Gewässern vollständig auf.

War auch schon am Nordpol: Das Forschungsflugzeug »Polar-6« des Alfred-Wegener-Instituts.

Flugzeuge und Helikopter

Für Messungen in der Atmosphäre und zur Erforschung großer, oft schwer zugänglicher Gebiete werden Polarflugzeuge und Helikopter eingesetzt. Sie erreichen die entlegensten Winkel der Polarregionen und können auf Schneepisten und Eisschollen landen. Mit ihrer Hilfe werden etwa die Dicke des Meereises, der Methanausstoß von Permafrostböden und Rußpartikel in der Luft gemessen.

Aus 700 Kilometern Höhe liefert der europäische Umweltsatellit CroySat-2 Informationen zur Dicke von Meer- und Gletschereis – zentimetergenau!

Umweltsatelliten

Den besten Blick auf unseren Planeten hat man aus dem Weltall. Umweltsatelliten kreisen in Hunderten Kilometern Höhe um die Erde und erlauben es, Landmassen und Ozeane großflächig zu beobachten. Ihre Messdaten verraten, wie groß die Eisbedeckung im Arktischen Ozean ist, wie viel Eismasse der grönländische Eisschild verliert und wie stark der Meeresspiegel ansteigt.

Forschungsstationen

In der Arktis und Antarktis gibt es Forschungs- und Wetterstationen, die das ganze Jahr über Umweltdaten aufzeichnen. Dazu gehört auch die deutsch-französische Forschungsstation AWIPEV in Ny-Ålesund auf der arktischen Inselgruppe Spitzbergen. Hier messen Forschende unter anderem Wolken und die Menge an bestimmten Gasen in der Atmosphäre. Zudem beobachten sie, wie sich Gletscher, Permafrostböden und die Meeresumwelt verändern.

Das Klima der Vergangenheit

Seit der Entstehung der Erde vor 4,6 Milliarden Jahren verändert sich das Klima und damit die Ausdehnung der Polkappen. Im Laufe der Erdgeschichte schwankten die Temperaturen erheblich. Auf Heißzeiten folgten Kältephasen mit großflächiger Vereisung. Heute wiederum ist es auf unserem Planeten wärmer als je zuvor in den letzten 2 000 Jahren. Forscherinnen und Forscher entschlüsseln das Klima der Vergangenheit – das Paläoklima – anhand von natürlichen Klimaarchiven. Dazu gehören Gletscher und Schlick am Meeresgrund, der sich Schicht für Schicht über Jahrtausende bis Jahrmillionen ablagert. Klimaarchive verraten nicht nur, wie warm oder vereist die Erde einst war, sondern auch, welche Prozesse das Erdklima steuern. So helfen sie, das Klima der Zukunft abzuschätzen.

Eisige Zeiten

Die meiste Zeit war es auf unserem Planeten zu heiß, als dass dicke Eisschilde entstehen konnten. Aber das Warmklima wurde mehrfach unterbrochen von Eiszeitaltern, in denen die Erde für viele Millionen Jahre stark abkühlte und mindestens einer der beiden Pole vergletscherte. Zeitweise waren Kontinente und Meere sogar bis zum Äquator eisbedeckt – heute unvorstellbar! Zuletzt gab es das vor rund 600 Millionen Jahren. Diesen Klimazustand nennt die Wissenschaft Schneeball-Erde.
Momentan herrscht wieder ein Eiszeitalter, das Quartär. Es begann mit der Vereisung der Antarktis vor etwa 40 Millionen Jahren. In der Arktis setzte diese vor 2,6 Millionen Jahren ein. Seither pendelt das Klima innerhalb des Quartärs zwischen Kaltzeiten, in denen die Eisschilde wachsen, und Warmzeiten, in denen sie schrumpfen.

Was ist eine Eiszeit?

- Der Begriff »Eiszeit« wird sowohl für ein Eiszeitalter als auch für eine Kaltzeit verwendet.
- Eiszeitalter sind Abschnitte in der Erdgeschichte, in denen die Polkappen vergletschert sind. In einem Eiszeitalter gibt es frostige Kaltzeiten (Glaziale) und gemäßigte Warmzeiten (Interglaziale oder Zwischeneiszeiten).
- Aktuell leben wir in einer Warmzeit (dem Holozän) eines Eiszeitalters (des Quartärs).

Eisbohrkerne
In der Antarktis hat man einen gut drei Kilometer langen Eisbohrkern gewonnen. Er besteht aus vielen Einzelstücken, die aneinandergereiht die letzten 800 000 Jahre abdecken. In dieser Zeit war der CO_2-Gehalt in der Atmosphäre nie so hoch wie heute. Aktuell wird in der Antarktis nach 1,5 Millionen Jahre altem Eis gebohrt!

Auslöser für die Klimawechsel sind Schwankungen der Erdumlaufbahn um die Sonne. Die Erde erreicht so mal mehr, mal weniger Sonnenenergie. Auch die Eis-Albedo-Rückkopplung spielt eine wichtige Rolle: Kühlt die Erde ab, dehnen sich die Polkappen aus, sodass mehr Sonnenstrahlung reflektiert wird. Das verstärkt die Abkühlung. Erwärmt sich die Erde, nehmen zunehmend eisfreie Flächen mehr Strahlung auf und befeuern so den Schmelzprozess.

Klimazeugen

Unser Wissen über frühere Epochen basiert auf Klimaarchiven, die Umweltdaten speichern: Ablagerungen am Grund von Meeren und Seen, Gletschereis, Tropfsteine in Höhlen, Bäume und Meeresbewohner mit Kalkskelett. Bäume etwa bilden Jahresringe in ihrem Holz, deren Breite von Temperatur und Regenmenge abhängt. So lässt sich an Holzquerschnitten das Wetter für jedes Jahr im Leben eines Baumes ablesen. Auch die Kalkschalen langlebiger Algen im Nordpolarmeer haben Wachstumsringe, die je nach Eisbedeckung schmaler oder breiter sind. Mithilfe der Algen können Forschende zum Beispiel nachvollziehen, wie weit sich das Meereis im Mittelalter erstreckte.

Mikrofossilien
Foraminiferen sind millimeter- bis zentimetergroße Einzeller im Ozean. Ihre Kalkschalen bleiben im Schlamm am Meeresgrund über sehr lange Zeit erhalten. Anhand der winzigen Fossilien können Forschende die Ozeantemperatur und die Eismassen an Land vor Jahrmillionen bestimmen.

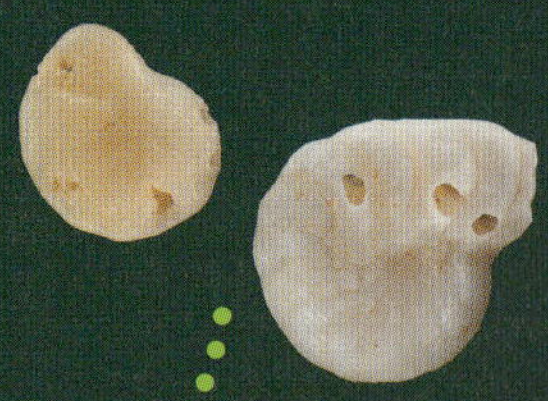

Was Eisbohrkerne erzählen

Besonders wertvolle Klimaarchive sind die mächtigen Eisschilde auf Grönland und in der Antarktis. Das kilometerdicke Eis reicht weit zurück in die Vergangenheit. Je tiefer eine Eisschicht liegt, desto älter ist sie. Mit verschiedenen Methoden kann man das Alter des Eises relativ genau bestimmen. Dazu unternehmen Forscherinnen und Forscher aufwendige Bohrungen und ziehen lange Eisbohrkerne aus Gletschern. Diese verraten auch, wie viel Treibhausgas die Atmosphäre einst enthielt. Denn wenn sich Schnee zu Gletschereis verdichtet, werden Luftbläschen im Eis eingeschlossen. Analysiert man die einzelnen Wassermoleküle, also die gefrorenen Wasserteilchen, lässt sich wiederum abschätzen, wie warm oder kalt es früher war. Wasser besteht nämlich aus schwereren und leichteren Molekülen, die unterschiedlich schnell verdampfen und sich verflüssigen. Ändert sich die Temperatur, hat das Auswirkungen auf das Verhältnis von schweren und leichten Molekülen im Wasserdampf, der zu Schnee und schließlich zu Eis wird.

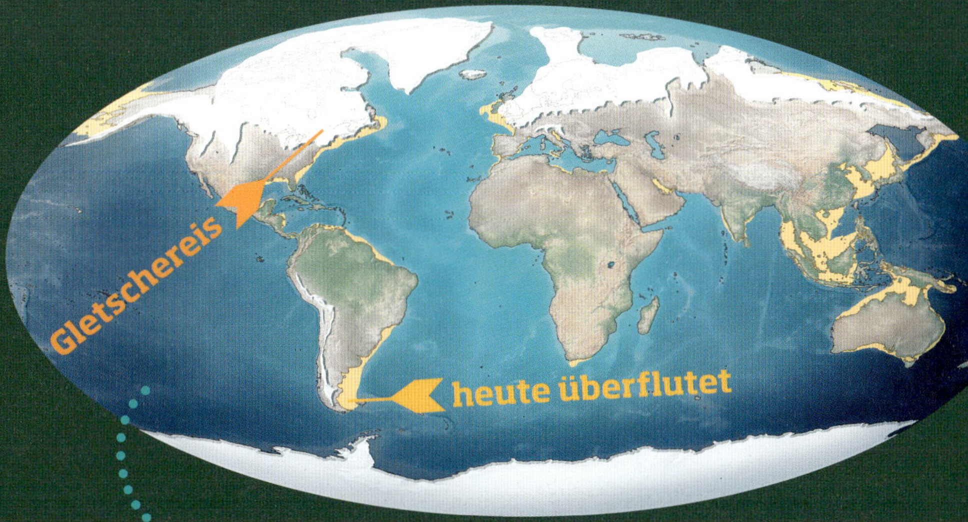

Am Höhepunkt der letzten Kaltzeit vor gut 20 000 Jahren bedeckten Eisschilde weite Teile der Nordhalbkugel. Auf der Erde war es rund sechs Grad Celsius kälter als heute. Als die Eismassen am Ende der Kaltzeit schmolzen, stieg der Meeresspiegel um etwa 125 Meter. Große Küstengebiete wurden überflutet.

Das Zeitalter des Menschen

Die Erdgeschichte gliedert sich in verschiedene Epochen. Immer wenn sich das Klima stark veränderte, Arten ausstarben und neue entstanden, gab es einen Epochenwechsel. Seit Ende einer Kaltzeit vor 11 700 Jahren befindet sich die Erde im Holozän. Forschende diskutieren jedoch, ob nicht bereits eine neue Epoche angebrochen ist: das Anthropozän, was so viel heißt wie das Zeitalter des Menschen. Denn besonders seit Mitte des 20. Jahrhunderts greift der Mensch massiv ein in Umwelt und Klima. Arten verschwinden und die Erde erwärmt sich.

Antarktischer Regenwald

Vor 90 Millionen Jahren, in der Kreidezeit, war es in der Westantarktis durchschnittlich zwölf Grad warm. Sumpfiger Regenwald prägte die Landschaft. Das haben Forschende bei der Analyse von Ablagerungen am Meeresgrund entdeckt, die sie von dort mit dem Forschungsschiff »Polarstern« hochgeholt haben.

Schnee-Expertin Stefanie Arndt

Schneesturm

Auf dem Eis kann es auch mal richtig ungemütlich werden. Bei einem Schneesturm kann es zum sogenannten Whiteout kommen. Dabei verschwinden alle Kontraste und Schatten, sodass Himmel und Erde verschmelzen. Man verliert das Gefühl für oben und unten.

Als Studentin war Meereis-Physikerin Stefanie Arndt zum ersten Mal mit der »Polarstern« in der Antarktis. Damals wurde sie vom Polarvirus infiziert, der Forschende immer wieder in die Polargebiete zurückkehren lässt. Seither hat die junge Wissenschaftlerin neun Expeditionen der »Polarstern« ins Nord- und Südpolarmeer begleitet und insgesamt über eineinhalb Jahre auf See verbracht. Das Schiff ist ihr zweites Zuhause. Immer wenn sie an Bord geht, freut sie sich, gute Bekannte wiederzusehen. Aber am wenigsten kann sie es bei einer neuen Expedition erwarten, die ersten Eisschollen zu erblicken.

Flockige Isolierschicht

Stefanie Arndt arbeitet am Alfred-Wegener-Institut Helmholtz-Zentrum für Polar- und Meeresforschung in Bremerhaven. Ihr Spezialgebiet: die Schneedecke des antarktischen Meereises. Die weißen Flocken spielen eine wichtige Rolle für das Schicksal der Eisschollen. Wenn der Ozean im Winter gefriert, gibt er Wärme an die kalte Polarluft ab. Der Schnee auf dem Meereis bremst jedoch den Wärmeverlust des Ozeans und damit den Gefrierprozess. Je dicker die Schneeschicht ist, desto dünner bleiben die Schollen. Im Sommer wiederum reflektiert der Schnee bis zu 90 Prozent des Sonnenlichts. Dadurch schmilzt das Eis langsamer.

Eisproben untersuchen Stefanie Arndt und ihre Kollegen an Bord der »Polarstern« im Gefriercontainer.

Schnee ist nicht gleich Schnee

Schnee ist also entscheidend für die Dicke und Lebensdauer des antarktischen Meereises. Aber Schnee ist kompliziert. Er kann fluffig oder kompakt sein, trocken oder feucht, weiß oder eher grau. Und er kann tauen und auf den Schollen wieder zu Eis gefrieren. All diese Faktoren machen es Forschenden schwer, die Schneedecke und das Meereis darunter mithilfe von Satelliten zu vermessen. So lässt sich etwa nicht genau sagen, ob die Schollen im Südpolarmeer heute dünner sind als früher. Das zu wissen, wäre jedoch sehr wichtig. Denn am Schicksal des Meereises hängt ein ganzes Ökosystem mit Eisalgen, Plankton und größeren Meerestieren. Meereis-Physikerin Stefanie Arndt will die Fernerkundung des Südpolarmeers verbessern. Genaue Satellitendaten sind nämlich die Voraussetzung für verlässliche Computermodelle dazu, wie sich das Klima entwickeln wird. Deshalb reist sie regelmäßig in die Antarktis und erforscht die Schneedecke auf dem Meereis. Dabei bringt sie unter anderem Schneebojen aus. Diese messen, wie viel Schnee sich im Laufe des Jahres auf dem Meereis ansammelt, und übermitteln die Daten stündlich per Satellit.

Wenn keine ausreichend große Eisscholle in unmittelbarer Nähe der »Polarstern« treibt, fliegen die Forschenden mit dem Helikopter auf das Meereis.

Ohne Scheu: Kaiserpinguine nähern sich den Forschenden auf dem Meereis.

Tierischer Besuch

Oft begegnen Stefanie Arndt und ihrem Team bei der Arbeit Robben oder Pinguine. Vor allem Kaiserpinguine können sehr neugierig sein. Unter lautem Geschnatter schauen sich die Tiere gern aus der Nähe an, was die Fremdlinge auf ihrer Eisscholle treiben.

Per Helikopter aufs Eis

Bevor es aufs Eis geht, suchen Stefanie Arndt und ihr Team mithilfe von Satellitenbildern nach einer großen Scholle, auf der sie Messungen durchführen und Eis- und Schneeproben nehmen wollen. Manchmal legt die »Polarstern« direkt an der Eisscholle an. Häufig aber fliegen die Forscherinnen und Forscher aufs Eis. Dann laden sie ihre Ausrüstung in den schiffseigenen Helikopter und ziehen sich orangefarbene Überlebensanzüge an. Heiß begehrt ist der Sitz neben dem Piloten. Dort hat man eine tolle Aussicht über den Ozean und kann nach Tieren Ausschau halten.

Mit dieser Sonde läuft Stefanie Arndt eine Runde auf der Scholle und bestimmt die Schneetiefe. Auf dem Rücken trägt sie eine GPS-Antenne, um die genaue Position ihrer Messung zu speichern.

Schicht für Schicht

Auf der Eisscholle angekommen, buddelt Stefanie Arndt eine kleine Grube und untersucht die einzelnen Schichten der Schneedecke: Sie misst die Schneetiefe und die Temperatur, schaut sich die Schneekristalle unter der Lupe an und prüft, wie weich der Schnee ist. Und sie macht den Schneeballtest: Wenn der Schnee feucht ist, lässt sich gut ein Schneeball formen. All diese Informationen verraten ihr, wie stark die Schneedecke das Meereis isoliert und Sonnenlicht reflektiert. Ein anderes Teammitglied bohrt Löcher in die Scholle und bestimmt die Eisdicke. Schnee- und Eisproben werden später im Labor auf dem Schiff oder an Land untersucht.

Hier untersucht Stefanie Arndt die Schneedecke auf einer Eisscholle im Weddellmeer.

Robben und Roboter – Blick unters Eis

Teile der Polarmeere sind für Wissenschaftlerinnen und Wissenschaftler kaum zugänglich, weil dort ganzjährig dicke Eisschollen treiben oder Gletscherfronten den Zugang versperren. Forschungsschiffe sind zudem meist nur im Sommer in der Arktis und Antarktis unterwegs. Es mangelt deshalb an Daten aus eisbedeckten Regionen, besonders für die Wintermonate. Doch dank moderner Technik können Forschende nun auch die hintersten Winkel der Polarmeere erreichen, zu jeder Jahreszeit: Mithilfe unbemannter Tauchroboter erkunden sie den Ozean unter dem Meereis und unter Schelfeisen. Und sie heften Robben und Walen, die im Packeis leben, Mini-Sensoren an. Die Meeressäuger sammeln so bei ihren Tauchgängen ganz nebenbei Daten über den Klimawandel im Ozean.

Gleiter steigen unter Wasser auf und ab. Dabei sammeln sie wichtige Daten über den Klimawandel im Ozean.

Auf Tauchfahrt

Es gibt zwei Typen kabelloser Tauchroboter, die mit Batteriestrom selbstständig im Ozean manövrieren können: sogenannte Gleiter und autonome Unterwasservehikel, kurz AUVs (von englisch: Autonomous Underwater Vehicle). Sie werden bei Expeditionen zu Wasser gelassen, um Temperatur, Salz- und Sauerstoffgehalt oder Strömungsgeschwindigkeit zu messen. Dabei folgen sie einem vorher einprogrammierten Kurs. An der Meeresoberfläche können sie auch Befehle per Satellit empfangen.

Im Zickzackkurs

Gleiter sehen aus wie kleine Torpedos mit Flügeln und Heckruder. Sie haben keinen Propeller, sondern bewegen sich durch Änderung ihrer Dichte fort. Dazu pumpen sie Öl zwischen einer äußeren und einer inneren Gummiblase hin und her. Dehnt sich die äußere Blase aus, nimmt das Volumen eines Gleiters zu und seine Dichte ab. So steigt er auf. Wird die äußere Blase kleiner, nimmt die Dichte zu und er sinkt. Mit ihren Flügeln segeln Gleiter im Zickzackkurs zwischen der Meeresoberfläche und einer Tiefe von bis zu 1 000 Metern. Sie sind zwar langsamer als ein Fußgänger, benötigen dafür aber sehr wenig Strom. So können sie monatelang durch den Ozean gleiten und Tausende Kilometer zurücklegen, bevor man sie wieder einsammeln muss.

Karte vom Meeresboden

AUVs sind wesentlich größer und schwerer als Gleiter, dank eines Heckpropellers aber auch viel schneller. Sie können sehr präzise manövrieren und ermöglichen es, direkt unter dem Meereis oder dicht über dem Meeresgrund zu messen. Außerdem können sie mit einem Fächerecholot ausgerüstet werden, das mit Schallwellen den Meeresboden abtastet und detaillierte Karten der Unterwasserlandschaft erstellt. Diese verraten Forscherinnen und Forschern etwa, wie das Wasser unter den Gletschern in flachen Küstengebieten zirkuliert. AUVs können bis zu 6 000 Meter tief tauchen, ihre Batterien reichen meist einige Stunden bis Tage. Man gibt ihnen eine festgelegte Route vor, die sie dann abarbeiten und Daten sammeln.

Unbemannte Tauchboote, genannt AUVs, können auch die Unterseite von Eisbergen erkunden. AUVs sind mehrere Meter lang und teils über eine Tonne schwer.

Rekord
2388 Meter
ist die größte jemals gemessene Tauchtiefe eines männlichen See-Elefanten. Dort unten ist der Druck fast 240 Mal so groß wie an der Meeresoberfläche.

Per Helikopter suchen Forschende nach einer Robbe auf dem antarktischen Meereis. Sie wollen dem Tier ein winziges Messgerät mit Satellitensender auf den Kopf kleben.

Weil Räuber in der Antarktis nur im Wasser lauern, lassen Robben wie dieser See-Elefant die Forschenden ganz nah an sich heran. Das vereinfacht es, sie zu besendern.

Tierische Forscher

Tauchroboter sind komplizierte Geräte und entsprechend teuer. Viel billiger ist es, Wale und Robben als schwimmende Forschungsassistenten anzuheuern! Wissenschaftlerinnen und Wissenschaftler heften ihnen Sensoren an, die Salzgehalt und Temperatur messen, während die Tiere unter dem Eis Krill oder Fische jagen. Wenn sie zum Luftholen auftauchen, werden die Daten an einen Satelliten übermittelt. Im Sommer und Winter liefern besenderte Meeressäuger auf diese Weise Daten aus eisbedeckten Fjorden, Gebieten mit dichtem Packeis und von Gletscherfronten. Gleichzeitig lernt man etwas über ihre Lebensweise – etwa, wo die besten Futterplätze sind. Im Südpolarmeer zum Beispiel zeichnen See-Elefanten und Weddellrobben auf, wie warmes Tiefenwasser unter die Schelfeise strömt. Von den sechs antarktischen Robbenarten leben diese beiden am weitesten südlich. Sie tauchen bei der Jagd Hunderte Meter tief und sind groß genug, dass ein rund 500 Gramm schwerer Sensor mit Satellitenantenne sie beim Schwimmen nicht stört. Forschende besendern die Tiere, wenn sie am Strand oder auf einer Eisscholle liegen. Dafür schießen sie der Robbe mit einem Blasrohr einen Betäubungspfeil in den Speck und kleben ihr den Mini-Sensor auf den Kopf. Beim nächsten Fellwechsel fällt dieser wieder ab.

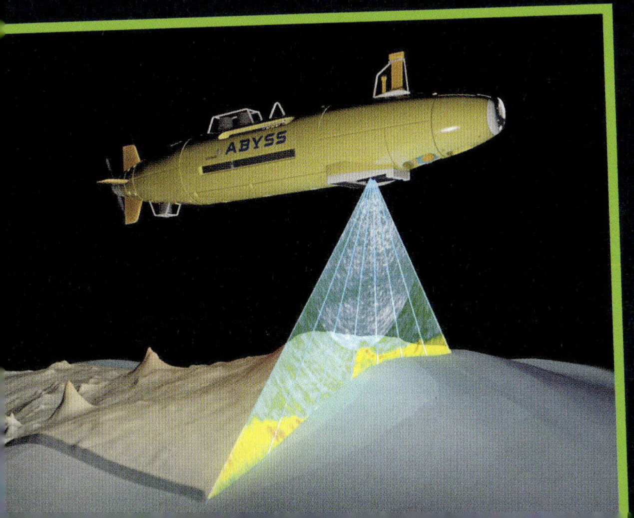

Mit Fächerecholoten erstellen unbemannte Tauchboote detailliert Karten vom Meeresboden.

Schon gewusst?

Der Thwaites-Gletscher in der Westantarktis gehört zu den größten der Erde. Seine Gletscherfront ist 120 Kilometer breit. Durch die Ozeanerwärmung schrumpft der Gletscher rapide und trägt massiv zum Meeresspiegelanstieg bei. Mit Tauchrobotern und besenderten Robben untersuchen Forschende, wie stabil seine Schelfeisplatte ist. Sie droht langfristig komplett abzubrechen.

Licht ins Dunkel bringen

Das Klima der Erde wandelt sich, wie das große Schmelzen in den Polarregionen zweifelsfrei zeigt. Die Prozesse, die hinter diesem Wandel stecken, sind jedoch bislang nicht vollständig entschlüsselt. Denn trotz modernster Technologien gibt es noch immer Gebiete, für die kaum Klimadaten vorliegen. Dazu gehört die zentrale Arktis, die vor allem im Winter aufgrund des dicken Packeises schwer zugänglich ist. Nur mit einem Trick kann ein Schiff zu dieser Jahreszeit in die Nähe des Nordpols gelangen: Indem es sich im Meereis einfrieren lässt und mit den Eisschollen quer über den Arktischen Ozean treibt!

Eine Jahrhundertexpedition

Ende des 19. Jahrhunderts hat der Norweger Fridtjof Nansen dieses Abenteuer mit seinem Schiff »Fram« als Erster gewagt. Inspiriert von Nansens Reise bricht im Herbst 2019 ein internationales Forschungsteam mit dem deutschen Eisbrecher »Polarstern« auf. Ein Jahr lang wird es das Meereis, den Ozean und die Atmosphäre in der zentralen Arktis studieren. MOSAiC – wie das Projekt getauft wird – ist die längste und aufwendigste Expedition, die jemals mit einem modernen Forschungseisbrecher durchgeführt wurde. Das Ziel der Forschenden: die Klimaprozesse in der Arktis besser verstehen. Das ist wichtig, um Computermodelle zu verbessern, die Vorhersagen für das zukünftige Klima unseres Planeten liefern.

MOSAiC-Expedition I: Eingefroren im Eis

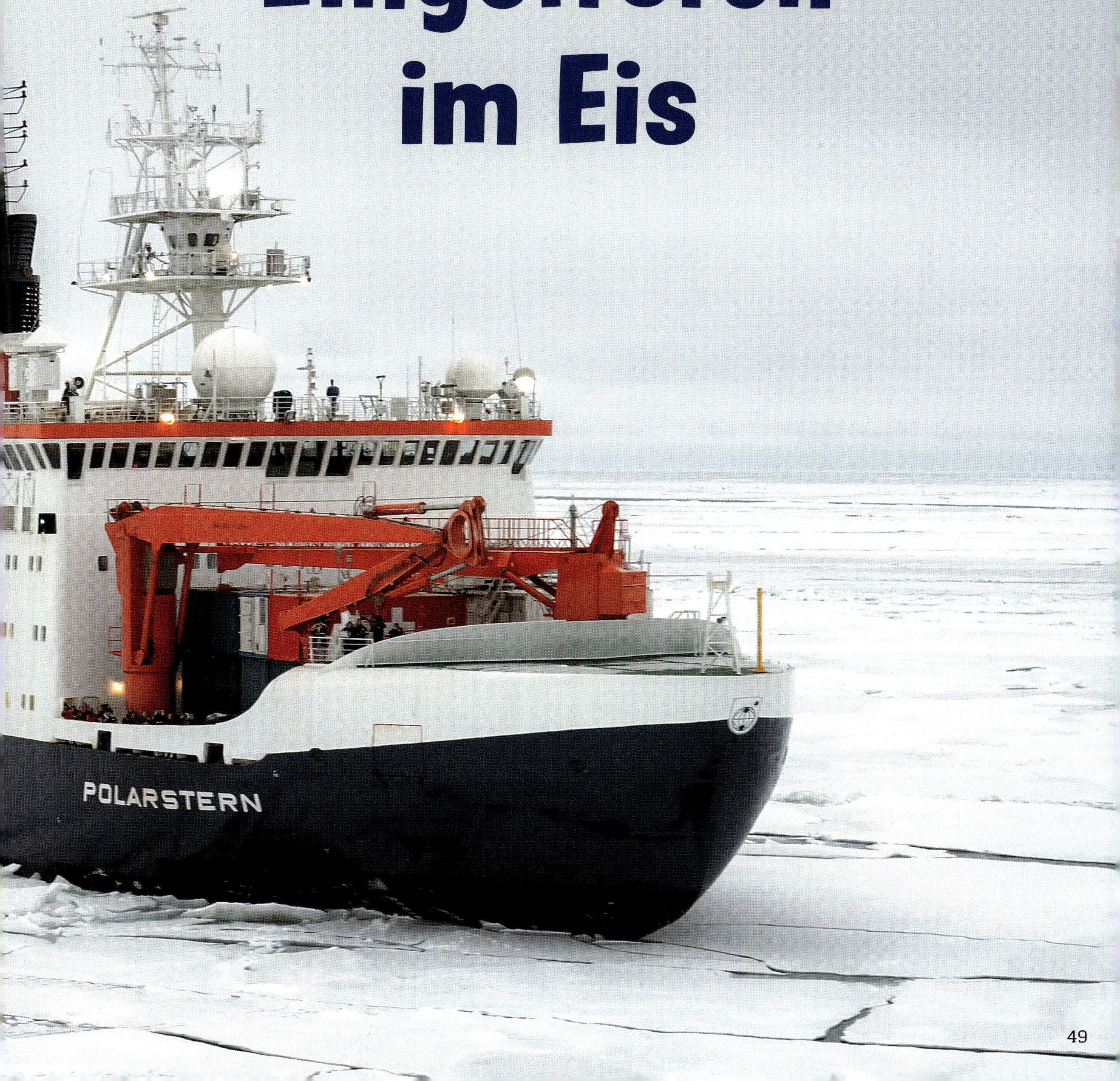

Das Forschungsschiff »Polarstern«

Sie ist eines der berühmtesten und leistungsfähigsten Forschungsschiffe der Welt: die »Polarstern«. Seit 1982 ist der Eisbrecher für das Bremerhavener Alfred-Wegener-Institut Helmholtz-Zentrum für Polar- und Meeresforschung im Packeis der Polarmeere unterwegs. Über drei Millionen Kilometer hat die »Polarstern« auf ihren vielen Seereisen inzwischen zurückgelegt. Mit 118 Metern Länge und 25 Metern Breite bietet sie Platz für etwa 100 Menschen. Jedes Jahr ist sie gut 300 Tage im Einsatz. 2019 brach die »Polarstern« zu ihrem bislang größten Abenteuer auf: der MOSAiC-Expedition.

Krähennest

Hier oben hat man eine tolle Rundumsicht – ideal, um Wale zu beobachten oder die Eisbedeckung mit der Kamera zu dokumentieren.

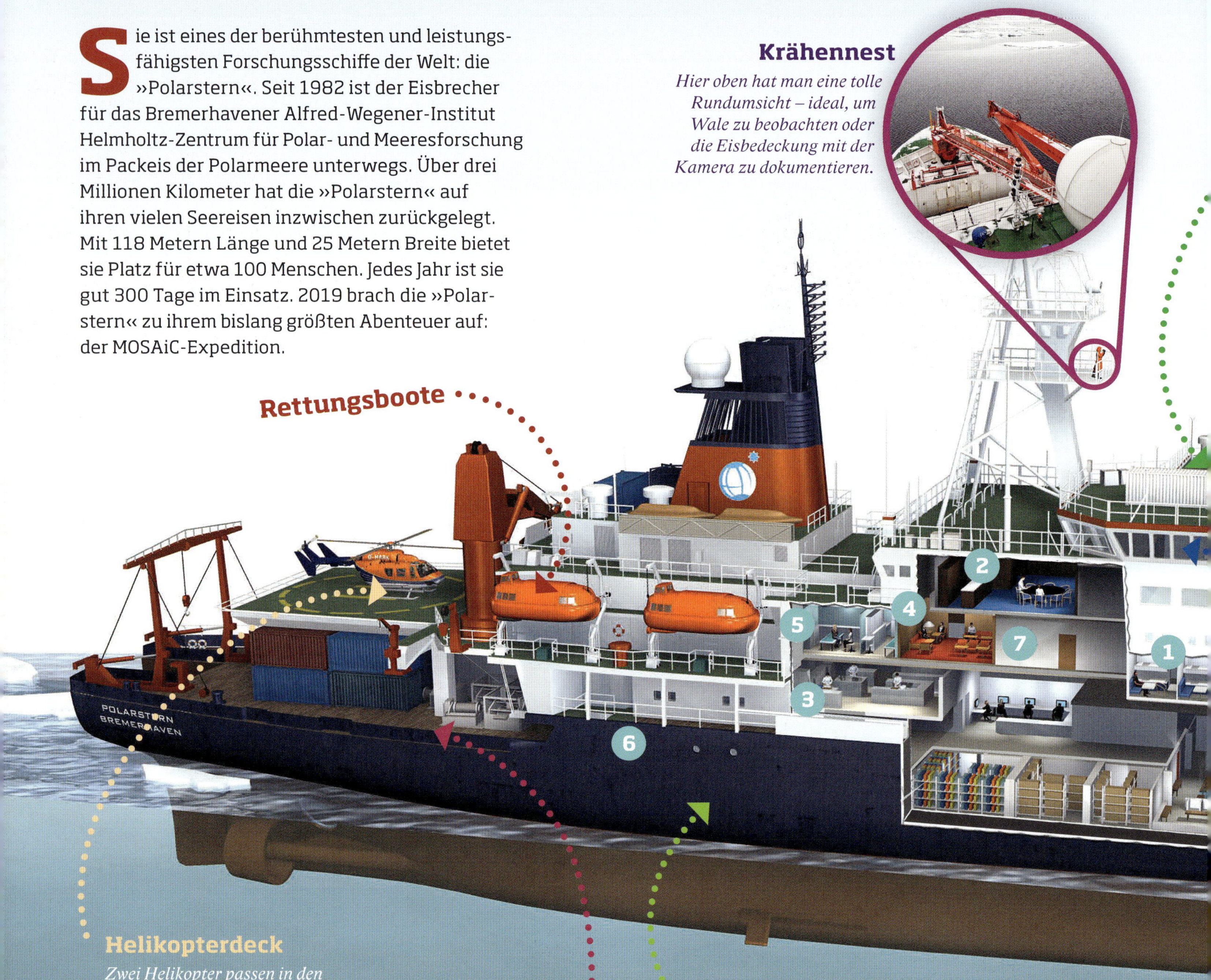

Rettungsboote

Helikopterdeck

Zwei Helikopter passen in den Hangar der »Polarstern« direkt neben dem Helikopterdeck. Sie werden etwa für Tierzählungen aus der Luft oder den Transport von Personen und Ausrüstung eingesetzt.

Arbeitsdeck

Von hier aus werden Forschungsgeräte zu Wasser gelassen – vom Planktonnetz bis zum Tauchroboter. Eine Fußbodenheizung unter den Holzplanken verhindert, dass das Deck vereist.

Maschinenraum

Vier Maschinen mit insgesamt gut 19 000 PS sorgen für den Antrieb der »Polarstern«. Auch Strom und Wärme werden hier erzeugt. Eine Meerwasserentsalzungsanlage liefert 20 Tonnen Frischwasser pro Tag.

Unglaublich!

Auf der »Polarstern« gibt es sogar ein Schwimmbad, eine Sauna und ein Solarium! Zudem kann man im Fitnessraum schwitzen.

Brücke

Von der Brücke aus steuern der Kapitän und die Offiziere die »Polarstern« sicher durch das Packeis. Auf dem Eisradar können sie Hindernisse frühzeitig erkennen.

Laderaum

Für eine lange Polarexpedition werden Unmengen an Material benötigt – vom Toilettenpapier bis hin zu wissenschaftlichen Großgeräten. Im Laderaum hat alles seinen Platz. Der Proviant wird nahe der Kombüse gelagert.

Bug

Die »Polarstern« hat einen doppelwandigen Stahlrumpf. Der rund 12 000 Tonnen schwere Eisbrecher kann 1,5 Meter dickes Meereis problemlos knacken. Dickere Eisschollen bricht er durch wiederholtes Rammen.

1 Kammern

Jeweils zwei Forschende teilen sich eine etwa zehn Quadratmeter große Kammer, wie die Kabinen auf Forschungsschiffen genannt werden. Neben den schmalen Schlafkojen gibt es einen Schreibtisch, ein Sofa und ein Bad mit Dusche.

2 Blauer Salon

Im Blauen Salon trifft man sich zu feierlichen Anlässen. Hier werden in Häfen auch wichtige Gäste empfangen.

3 Kombüse

Die Arbeit in der polaren Kälte macht ziemlich hungrig. In der Schiffsküche, Kombüse genannt, werden reichhaltige Speisen zubereitet, damit niemandem an Bord der Magen knurrt.

4 Messen und Roter Salon

Es gibt zwei Kantinen oder Messen an Bord. Dreimal täglich wird hier gegessen. Neben der oberen Messe ist der Rote Salon, wo man sich nachmittags zu Kaffee und Kuchen trifft.

5 Hospital

Auch auf See wird mal jemand krank. Weil es meist sehr weit ist bis zum nächsten Krankenhaus, fährt immer eine Ärztin oder ein Arzt auf der »Polarstern« mit. Für die Behandlung schwererer Verletzungen gibt es sogar einen voll ausgestatteten OP-Raum.

6 Labore und Laborcontainer

In den Schiffslaboren verarbeiten und analysieren Forscherinnen und Forscher rund um die Uhr ihre Proben. Für spezielle Messungen und Versuche gibt es an Bord auch mehrere Laborcontainer. Dort werden zum Beispiel Experimente mit Plankton durchgeführt oder Eisbohrkerne bei –20 Grad Celsius zersägt.

7 Vortragsraum

Abends treffen sich alle Forschenden im Vortragsraum. Je nach Wettervorhersage planen sie den nächsten Tag. Oft hält anschließend jemand einen wissenschaftlichen Vortrag.

Kapitän, Koch und Co

Wenn die »Polarstern« in See sticht, dann sind an Bord nicht nur Wissenschaftlerinnen und Wissenschaftler. Sie machen nur rund die Hälfte der Besatzung aus. Genauso wichtig für den Erfolg einer Expedition sind der Kapitän und seine Mannschaft. Sie navigieren die »Polarstern« durch eisbedeckte Gewässer und helfen an Deck beim Einsatz der Forschungsgeräte. Außerdem kümmern sie sich um die Verpflegung und die Technik im Bauch des Schiffes. Andere Menschen an Bord sorgen dafür, dass alle wieder gesund nach Hause kommen, beobachten das Wetter oder bringen die Forschenden in die Luft.

Auf der Kommandobrücke

Wie auf jedem Schiff ist der Kapitän der Chef auf der »Polarstern«. Man findet ihn auf der Brücke. Er hat die Verantwortung, das Expeditionsteam sicher ins Forschungsgebiet zu bringen – und wieder zurück. In kniffeligen Situationen übernimmt er das Steuer. Ansonsten halten sogenannte nautische Offiziere das Schiff auf Kurs, weichen Eisbergen und dicken Eisschollen aus. Zudem überwachen sie die Arbeiten an Deck. Über Funk geben sie grünes Licht, wenn Messgeräte ins Meer gelassen werden dürfen.

Stefan Schwarze ist einer von drei Kapitänen, die im Wechsel das Kommando auf der »Polarstern« haben. Seit über 30 Jahren fährt er mit dem Forschungseisbrecher in die Arktis und Antarktis.

Per Helikopter übers Eismeer

Bei Expeditionen der »Polarstern« ist meist eine Helikopter-Crew aus Piloten und Mechanikern an Bord. Sie unterstützen die Forschenden etwa bei Messungen der Meereisdicke und bei Tierzählungen aus der Luft. Außerdem unternehmen sie Erkundungsflüge, um einen Weg für das Schiff durchs Packeis oder eine geeignete Eisscholle für Forschungsarbeiten zu finden.

Polar-Pilot: Start und Landung in der Eislandschaft oder Wetterumschwünge erfordern viel Flugerfahrung.

Experten für Schiffstechnik

Ob Ingenieur oder Mechaniker, Schlosser oder Elektriker, Elektroniker oder IT-Spezialist: Diese Menschen kümmern sich um die Dieselmotoren, die schiffseigene Kläranlage, die Navigationssysteme oder das Computernetzwerk der »Polarstern«. Auf einem so großen Schiff sind immer irgendwo Wartungsarbeiten und kleinere Reparaturen zu erledigen.

Die Brücke der »Polarstern« ist vollgestopft mit modernster Technik. Um den Kurs zu ändern, muss nur per Mausklick ein neuer Wegpunkt auf der elektronischen Seekarte markiert werden. Aber für die Routenplanung werden auch ganz altmodisch Seekarten aus Papier aus der Schublade geholt.

Ein- bis zweimal am Tag wird ein mit Helium gefüllter Wetterballon steigen gelassen. Eine Radiosonde funkt die Wetterdaten zur »Polarstern«.

Den Himmel im Blick

Zieht ein Sturm auf? Herrscht gute Sicht für den Einsatz des Helikopters? Antworten auf solche Fragen liefert die Meteorologin oder der Meteorologe vom Deutschen Wetterdienst in der Wetterwarte der »Polarstern«. Satellitenbilder werden ausgewertet und mithilfe von Wetterballons eigene Daten gesammelt, um die Arbeitsbedingungen im Forschungsgebiet für die nächsten Tage vorherzusagen.

Mahlzeit!

Man sagt, der Koch sei nach dem Kapitän am wichtigsten auf einem Schiff. Denn wenn das Essen nicht schmeckt, wird die Besatzung grummelig. Auf der »Polarstern« sorgen der Koch – seemännisch Smutje genannt – und sein Team mit leckeren Speisen für gute Laune. Es gibt vegetarische Gerichte und welche mit Fleisch, Pfannkuchen zum Frühstück oder auch mal Pizza. Freitags steht Fisch auf dem Speiseplan. Am Donnerstag, der an Bord auch Seemannssonntag heißt, gibt es traditionell besonders gutes Essen und Eis zum Nachtisch.

Der Arbeitstag der Bäckerin beginnt, wenn die meisten an Bord noch schlafen. Dank ihr gibt es morgens frische Brötchen. Außerdem backt sie zum Nachmittagskaffee leckere Kuchen und Torten.

Helfende Hände an Deck

Wenn an Deck oder in den Laderäumen Container bewegt werden müssen, die »Polarstern« im Hafen anlegt oder den Anker lichtet, dann ist die Decksmannschaft gefragt. Sie bedient auch Winden und Kräne, um die oft tonnenschweren Forschungsgeräte in den Polarmeeren auszusetzen und wieder einzuholen.

Die Decks-Crew bringt am Heck eine Meeresbodenverankerung aus. Bei solchen Arbeiten sind Helm und Rettungsweste Pflicht!

Wenn's irgendwo zwickt …

… dann geht man zum Schiffsarzt, meist ohne Termin. Lange Wartezeiten gibt es an Bord nicht. Wer als Ärztin oder Arzt auf der »Polarstern« mitfährt, muss alles von Seekrankheit über Zahnweh bis hin zu Erfrierungen und Knochenbrüchen behandeln können. Schwere Verletzungen und Erkrankungen sind aber zum Glück sehr selten. Auch eine Krankenschwester kümmert sich auf hoher See um Patienten.

Die »Fram« – 1000 Tage im Eis

Ein Großteil der Crew vor der »Fram«. Alle kehrten nach über drei Jahren in der Arktis wohlbehalten nach Norwegen zurück. Fridtjof Nansen (1) und Hjalmar Johansen (2) brachen nach eineinhalb Jahren auf See zu Fuß zum Nordpol auf, erreichten ihn aber nicht. Sie schafften es wenige Wochen vor der »Fram« zurück in die Heimat.

Die Idee, im Packeis eingeschlossen das Nordpolarmeer zu überqueren, reicht weit zurück. Bereits 126 Jahre vor der »Polarstern« brach der Norweger Fridtjof Nansen mit dem Schiff »Fram« zu dieser waghalsigen Reise auf. Sie wurde zu einem der größten Abenteuer in der Entdeckungsgeschichte der Arktis.

Wrackteile vor Grönland

Fridtjof Nansen war ein vielseitig begabter Wissenschaftler und ein Pionier der Polarforschung: 1888 überquert er auf Skiern als erster Mensch den grönländischen Eisschild. Kurz nach diesem Erfolg liest er von einem verblüffenden Fund an der Ostküste Grönlands. Dort sind Wrackteile angeschwemmt worden – von einem Schiff, das drei Jahre zuvor im Packeis vor der Küste Sibiriens gesunken ist. Die Überreste sind im Eis Tausende Kilometer quer über das Nordpolarmeer getrieben. Nansen fasst einen kühnen Plan: Er will mithilfe dieser Strömung des Meereises, genannt Transpolar- oder Eisdrift, mit einem Schiff in die zentrale Arktis gelangen. Bis zum Nordpol!

Aufbruch in Norwegen

Dafür lässt Nansen ein besonders eistaugliches Schiff bauen: die »Fram«. Das hölzerne Segelschiff bekommt einen kugeligen, mit dicken Holzbalken verstärkten Rumpf. Die Idee: Das Packeis soll den Rumpf anheben, statt ihn zu zermalmen. Ende Juni 1893 sticht die »Fram« mit 13 Mann Besatzung in Kristiania, dem heutigen Oslo, in See. Sie segelt die Küste Norwegens entlang, vorbei am Nordkap, und nimmt Kurs auf Sibirien. Nansen und seine Begleiter wissen nicht, wie lange ihre riskante Reise dauern wird – oder ob sie überhaupt je zurückkehren. Die »Fram« hat Proviant für fünf Jahre an Bord.

Wechselhafte Eisdrift

Am 22. September 1893 erreichen sie nahe der Neusibirischen Inseln die Packeisgrenze. Wie geplant, hält das Schiff dem Druck der sich schließenden Eisdecke stand. Die »Fram« friert ein und treibt mit dem Eis nach Nordwesten. Aber immer wieder ändert die Eisdrift ihren Kurs und schiebt das Schiff zeitweise sogar in die andere Richtung. Die Expedition kommt nur schleppend voran. Nach fünf Monaten im Eis stellt Nansen frustriert fest, dass sie bei diesem Tempo acht Jahre brauchen werden.

In den ersten eineinhalb Jahren der Expedition machte die »Fram« im Packeis kaum Strecke. Abwarten und Pfeife rauchen war angesagt.

Über zehn Meter hoch türmt sich das Meereis auf und versperrt Nansen und Johansen den Weg zum Nordpol. Mühsam schleppen sie ihre Kajaks für den Rückweg im offenen Wasser über das Eis.

Ein Windrad erzeugte Strom für die elektrische Beleuchtung an Bord der »Fram«.

Nansen war nicht nur Abenteurer, sondern auch ein gewissenhafter Forscher. Während der Expedition der »Fram« zeichneten er und seine Crew Wetterdaten auf, bestimmten die Tiefe des Ozeans und die Dicke des Meereises.

Auf zum Nordpol!

Zudem treibt die »Fram« viel weiter südlich als erhofft. Auch nach eineinhalb Jahren sind die Abenteurer noch gut 600 Kilometer vom Nordpol entfernt. Daher entscheidet Fridtjof Nansen, gemeinsam mit Hjalmar Johansen zum Nordpol zu laufen. Mit Skiern, Hundeschlitten und Kajaks brechen sie Mitte März 1895 auf. Doch schon bald ist das Meereis nicht mehr eben. Sie quälen sich über meterhoch aufgetürmtes Packeis. Unter Schnee versteckt lauern tiefe Spalten in den Eisschollen. Schließlich geben sie auf – 368 Kilometer vor dem Nordpol. Trotz dieses Scheiterns haben sie es weiter nach Norden geschafft als je ein Mensch zuvor. Jetzt gilt es, heile nach Hause zu kommen.

Winterlager auf Franz-Josef-Land

Zurück zur »Fram« können sie nicht, denn die ist längst weitergetrieben. Stattdessen wollen sie Franz-Josef-Land erreichen, eine Inselgruppe rund 1 000 Kilometer weiter südlich. Vier Monate lang irren Nansen und Johansen mit ihren Schlittenhunden durch das Eislabyrinth. Ihre Vorräte gehen zu Neige, sodass sie die Hunde töten müssen – der Proviant reicht einfach nicht mehr für alle. Endlich ist im Juli 1895 Land in Sicht! Auf einer der unbewohnten Inseln überwintern sie in einem einfachen Unterschlupf. Sie jagen Eisbären und Walrosse. Die »Fram« und ihre Besatzung gelangt derweil weiter nach Westen, ehe die Eisdrift sie im Februar 1896 nach Süden schickt.

Wundersame Rettung

Nansens und Johansens todesmutige Reise sollte ein gutes Ende finden. Mehr als ein Jahr nach Verlassen der »Fram« paddeln sie im Sommer 1896 mit ihren Kajaks in den Süden von Franz-Josef-Land. Dort steht auf einmal der britische Entdecker Frederick Jackson vor Nansen – die beiden kennen sich. Dieser glückliche Zufall ist ihre Rettung! Jacksons Schiff bringt Nansen und Johansen zurück nach Norwegen. Zeitgleich erreicht die »Fram« nach mehr als 1 000 Tagen im Eis an der Westküste von Spitzbergen wieder offenes Wasser.

Schon gewusst?

Nansens »Fram« schaffte es nicht nur fast bis zum Nordpol. Mit ihr segelte sein Landsmann Roald Amundsen 1910 auch in die Antarktis, um als erster Mensch den Südpol zu erreichen. Das Schiff war jedoch nicht für lange Überfahrten konstruiert worden. Wegen der rundlichen Bauart, die sich im Packeis bewährte, fing es auf offener See schon bei leichten Wellen an, stark zu schaukeln. Vermutlich wurde man sehr schnell seekrank.

Auf der unbewohnten Inselgruppe Franz-Josef-Land trifft Nansen auf den britischen Entdecker Frederick Jackson. Ohne diesen glücklichen Zufall hätten Nansen und Johansen es vermutlich nicht nach Hause geschafft. 16 Monate dauerte ihre Irrreise nach Verlassen der »Fram«.

Vorbereitung eines Abenteuers

Die Arktis ist das Epizentrum des Klimawandels. Nirgends sonst auf der Erde steigen die Temperaturen derart rasant an. Doch welche Folgen der Eisrückgang im hohen Norden für den Rest des Planeten in Zukunft haben wird, lässt sich aufgrund fehlender Daten aus dem Winter bisher nicht genau vorhersagen. Denn die Prozesse im Ozean und in der Atmosphäre der zentralen Arktis geben Forscherinnen und Forschern noch immer Rätsel auf. Besonders im Winter, wenn die Meereisdecke Schiffen den Zugang versperrt, ist die Region fast unerforscht. Damit fehlt ein wichtiges Puzzleteil für bessere Klimavorhersagen. Die MOSAiC-Expedition soll das ändern: Wie einst die »Fram« soll die »Polarstern« als erster moderner Forschungseisbrecher mit der Eisdrift im Winter weit nach Norden in den Arktischen Ozean vorstoßen. Von der Idee bis zur Umsetzung der größten Arktisexpedition aller Zeiten vergehen zehn Jahre. Viele Hundert Menschen sind an der Vorbereitung beteiligt.

Schwimmende Forschungsbasis

Geplant wird die MOSAiC-Expedition vom Alfred-Wegener-Institut in Bremerhaven, einem der weltweit führenden Institute in der Polarforschung. Ein Jahr lang soll sich die »Polarstern« eingefroren im Packeis in eine treibende Forschungsstation verwandeln. Auf dem Schiff werden Wissenschaftlerinnen und Wissenschaftler aus verschiedenen Forschungsgebieten schlafen, essen und arbeiten. Draußen auf dem Meereis werden sie Klimadaten und Proben sammeln. Von Anfang an ist klar: Eine so aufwendige und teure Forschungsmission – jeder Tag wird etwa

Schon gewusst?

MOSAiC ist die Abkürzung für Multidisciplinary drifting Observatory for the Study of Arctic Climate, auf Deutsch: Multidisziplinäres Driftobservatorium zur Untersuchung des Arktisklimas.

Auch wie man einen Forschungsballon aufsteigen lässt, wird vor der Expedition geübt.

Eisbad: Bei –1,8 °C Wassertemperatur und –29 °C Lufttemperatur testen die Forschenden ihre Überlebensanzüge.

Proviant für viele Monate

Der Koch der »Polarstern« muss vor einer Seereise riesige Mengen an Lebensmitteln einkaufen. Denn der nächste Supermarkt ist weit weg. Für die MOSAiC-Expedition standen auf seinem Einkaufszettel unter anderem:

- 14 000 Eier
- 1 400 Liter Milch
- eine Tonne Kartoffeln
- 150 Gläser Nuss-Nugat-Creme

200 000 Euro kosten – kann man nicht alleine durchführen. Über 80 Institute aus 20 Ländern beteiligen sich daher an dem Projekt. Außerdem gibt es Unterstützung von vier russischen Eisbrechern. Sie werden Ausrüstung transportieren, die »Polarstern« mit Treibstoff und Proviant versorgen und alle paar Monate die Besatzung austauschen.

Packen für die Polarexpedition

Bevor es losgeht, muss das Expeditionsteam unzählige Kisten und Container packen. Insgesamt 500 Tonnen Fracht werden in die Arktis verschifft: Messinstrumente und Probengefäße, Polarkleidung und Rettungsausrüstung, Schlitten und Schneemobile. Um eine Start- und Landepiste für Polarflugzeuge auf dem Meereis anzulegen, werden Schneeraupen verladen. Dazu kommen tonnenweise Lebensmittel, die möglichst lange haltbar sind, wie Konserven und tiefgefrorenes Fleisch und Gemüse. Frisches Obst oder knackigen Salat wird es nur zu Beginn der Reise geben – und wenn Nachschub eintrifft. Sollte die Versorgung der »Polarstern« nicht klappen, etwa weil die anderen Eisbrecher im Packeis stecken bleiben, gibt es an Bord zwei Notfallcontainer mit Proviant für zwei Monate.

Trainingslager in der Arktis

Bei der Expedition erwarten die Forschenden extreme Bedingungen: monatelang völlige Dunkelheit während der Polarnacht und Temperaturen unter minus 40 Grad Celsius, die einem leicht die Finger abfrieren lassen. Es besteht die Gefahr, ins Eis einzubrechen oder dass sich hungrige Eisbären nähern. Deshalb geht es zur Vorbereitung vom Schreibtisch in die Kälte: Im Winter wird im Norden Finnlands und auf Spitzbergen geübt. Dort stehen unter anderem die Entnahme von Eisbohrkernen, Schneemobilfahren und Schwimmen mit Überlebensanzug im eiskalten Wasser auf dem Trainingsplan. Zudem lernen die Teilnehmenden für den Notfall den Umgang mit dem Gewehr und schießen auf Eisbärzielscheiben. Damit später niemand auf einen echten Eisbären zielen muss, sollen sich die Forschenden bei Gefahr rechtzeitig vom Eis auf das sichere Schiff zurückziehen.

Medizincheck

Zuletzt lassen sich alle Teilnehmerinnen und Teilnehmer der Expedition noch ärztlich durchchecken. Denn sie werden sich auf ihrer Reise mit der »Polarstern« sehr weit von der Zivilisation entfernen und von mächtigem Packeis umgeben sein. Ein schneller Transport ins nächste Krankenhaus ist da unmöglich. Zwar ist ein Schiffsarzt an Bord, aber es gilt, das Risiko eines medizinischen Notfalls so gering wie möglich zu halten. Nachdem Forschende und Crew für expeditionstauglich erklärt und die letzten Sachen gepackt sind, kann das große Abenteuer endlich beginnen.

Kein Empfang: Smartphones sind am Nordpol nutzlos. Während der Expedition kommunizieren die Forschenden auf dem Meereis untereinander und mit der »Polarstern« über Funkgeräte. So können sie zum Beispiel rechtzeitig gewarnt werden, wenn ein Eisbär ums Schiff schleicht.

Als Treibgut durchs Nordpolarmeer

➜ Schon gewusst?

Vor der MOSAiC-Expedition der »Polarstern« hatten erst zwei Schiffe die zentrale Arktis im Winter durchquert: Fridtjof Nansens »Fram« und das französische Segelschiff »Tara«. Die 36 Meter lange »Tara« ließ sich im Herbst 2006 in der östlichen Arktis einfrieren und trieb 506 Tage lang eingeschlossen im Eis bis in die Framstraße. Damit war ihre Transpolardrift etwa doppelt so schnell wie die der »Fram«.

Ende September 2019 ist es so weit: In der norwegischen Hafenstadt Tromsø heißt es Leinen los für die »Polarstern«. Aufbruch zur MOSAiC-Expedition! 126 Jahre nach der Eisdrift von Fridtjof Nansens Schiff »Fram« soll der deutsche Forschungseisbrecher den Arktischen Ozean im Winter überqueren. Weil dieser dann unter einer meterdicken Eisdecke liegt, die selbst die »Polarstern« nicht brechen kann, wollen die Forschenden das Schiff im Packeis einfrieren lassen. Der Plan: mithilfe der Transpolardrift möglichst nahe an den Nordpol gelangen. Etwa ein Jahr später soll die »Polarstern« dann in der Framstraße wieder offenes Wasser erreichen. Geleitet wird die Expedition vom Klimaforscher Markus Rex vom Alfred-Wegener-Institut.

Wo geht's lang?

Wie die »Fram« im Jahr 1893 fährt die »Polarstern« zunächst am Nordkap in Norwegen vorbei und durchquert anschließend die Barents- und Karasee, die im Süden an Russland grenzen. Ihr Ziel ist ein Gebiet nördlich der Laptewsee. Dort hoffen die Forschenden eine große Eisscholle zu finden, mit der sie quer durch die Arktis treiben und unterwegs mit ihren Messinstrumenten Klimadaten sammeln können.

Kinderstube des Meereises

In den flachen Gewässern der Laptewsee und der Ostsibirischen See beginnt die Transpolardrift des arktischen Meereises. Hier ist es im Winter bitterkalt, bis zu minus 40 Grad Celsius. Die Meeresoberfläche gefriert daher schnell und es entstehen viele Eisschollen. Die Region ist eine regelrechte Eisfabrik. Kräftige Winde vom Festland pusten die Schollen von der Küste aufs Meer hinaus, wo sie immer größer werden. Das Eis gelangt anschließend mit der Transpolardrift bis an die Ostküste Grönlands. Zum Teil landet es jedoch auch im Beaufort-Wirbel vor der Küste von Nordamerika, wo das Eis jahrelang im Kreis treibt und sehr dick wird. Dort sollte die »Polarstern« besser nicht hineingeraten. Doch die Suche nach einer geeigneten Eisscholle für die MOSAiC-Expedition stellt sich als schwierig heraus: Nur sehr wenig Meereis hat den Sommer überlebt. Es war der heißeste in der russischen Arktis seit Beginn der Wetteraufzeichnungen. Und er folgte auf einen ungewöhnlich milden

Winter. Die Packeisgrenze liegt daher weit im Norden. Allerdings bleibt dem Expeditionsteam nicht mehr viel Zeit, weil bald die Polarnacht anbricht und bis dahin ein Forschungscamp rings um die »Polarstern« stehen soll. Die Scholle, an der das Schiff festmachen soll, muss deshalb ausreichend groß und mindestens einen Meter dick sein.

Im Herbst 2019 bahnt sich die »Polarstern« ihren Weg durch das arktische Meereis. Wenig später ist das Schiff im Eis eingefroren – der Plan geht auf.

Löchrig wie ein Käse

Bei der Suche nutzen die Forschenden Bilder von Radarsatelliten. Diese senden Radarwellen aus und messen deren Rückstreuung vom Meereis und dem Ozean. So lassen sich die Form der Eisschollen und die Struktur des Eises an der Oberfläche bestimmen. Die Satellitenbilder verraten jedoch nicht, wie dick das Eis ist. Deshalb fliegen die Forschenden mit Helikoptern los und machen Probebohrungen. Sie kehren mit schlechten Nachrichten zur »Polarstern« zurück: Nach dem warmen Sommer sind die Schollen mit Schmelztümpeln übersät und vollkommen durchlöchert. Stellenweise ist das Eis nur 30 Zentimeter dünn.

Glück gehabt

Schließlich finden sie doch noch die wirklich einzige geeignete Scholle weit und breit. Diese misst 3,5 mal 2,5 Kilometer und ist in der Mitte mehrere Meter dick. Am 4. Oktober macht die »Polarstern« an der Eisscholle fest. Der Kapitän stellt die Motoren ab und lässt sein Schiff im Eis einfrieren. Der Kurs der »Polarstern« liegt von nun an in den Händen der Natur.

Suche von oben

Mit Helikoptern suchen die Forschenden nach einer geeigneten Eisscholle für die Transpolardrift. Sie muss dick genug sein, um das Forschungscamp zu tragen.

Angeberwissen

- Anhand von Satellitendaten konnte man etwas über die Vorgeschichte der Eisscholle, an der die »Polarstern« im Oktober 2019 anlegte, erfahren.
- Sie war im Dezember 2018 in der östlichen Laptewsee entstanden. 318 Tage und 2240 Kilometer später wurde sie zur Basis der MOSAiC-Expedition.

Begleitschiff

Der russische Eisbrecher »Akademik Federov« transportiert zusätzliche Ausrüstung und Helfer für den Aufbau des Forschungscamps rund um die »Polarstern«.

Wissenschaft extrem

Eine passende Eisscholle ist gefunden und die »Polarstern« fest verankert. Während die lange Polarnacht allmählich hereinbricht, entsteht neben dem Schiff ein Forschungscamp auf dem Meereis: Zelte werden aufgebaut, Stromkabel verlegt und Messgeräte aufgestellt. Im Camp auf der Scholle führt das Expeditionsteam Messungen durch und sammelt Proben für Laboranalysen. Es jagt nach Wolken und Gasen hoch oben in der Atmosphäre, misst Strömungen und angelt Fische in der dunklen Tiefe des Arktischen Ozeans, nimmt Eis und Schnee unter die Lupe. Dabei kämpfen die Forschenden mit Temperaturen bis unter minus 40 Grad Celsius und heftigen Stürmen, die über ihre Eisscholle fegen. Zugleich verändert sich das Meereis immer wieder. Es schiebt sich zusammen, türmt sich auf und in der Scholle entstehen Risse, die das Forschungscamp bedrohen. Auch Eisbären machen es immer wieder unsicher.

Fast bis zum Nordpol

Fernab der Zivilisation driftet die »Polarstern« durch die zentrale Arktis und gelangt dabei näher an den Nordpol als je ein Schiff zuvor im Winter. Zur gleichen Zeit bahnt sich ein russischer Eisbrecher einen Weg durchs Packeis. Er hat Proviant geladen und eine frische Crew an Bord, die das Expeditionsteam ablösen und die Forschungsarbeiten fortsetzen soll.

MOSAiC-Expedition II: Durch die Polarnacht

Das nördlichste Camp der Welt

Nachdem die »Polarstern« an ihrer Eisscholle festgemacht hat, wächst rings um das Schiff ein Forschungscamp. Während der Eisdrift über das Nordpolarmeer werden dort Messungen durchgeführt und Proben gesammelt. Die Forschenden markieren Wege vom Schiff zu den verschiedenen Bereichen des Camps, verlegen Strom- und Datenkabel und bauen Zelte für ihre Instrumente auf. Messtürme werden aufgestellt, Löcher in das Eis gesägt und Stolperdrähte gegen Eisbären gespannt. Gleichzeitig entsteht im Umkreis von 50 Kilometern um die »Polarstern« ein Netzwerk aus Messbojen und Sensoren, um Ozean, Eis und Atmosphäre großräumig zu untersuchen. Als schließlich die Polarnacht anbricht, ist das nördlichste Forschungscamp der Welt fertig.

Schon gewusst?

Hinter dem Schiff gibt es einen sogenannten dunklen Sektor – dort bleibt das Licht aus. Nur schwaches Rotlicht ist erlaubt, wenn Proben genommen werden. Denn die Forschenden wollen herausfinden, was die Lebewesen der Arktis, etwa Algen, in der Polarnacht so treiben. Helles Kunstlicht würde ihre Forschungsergebnisse verfälschen.

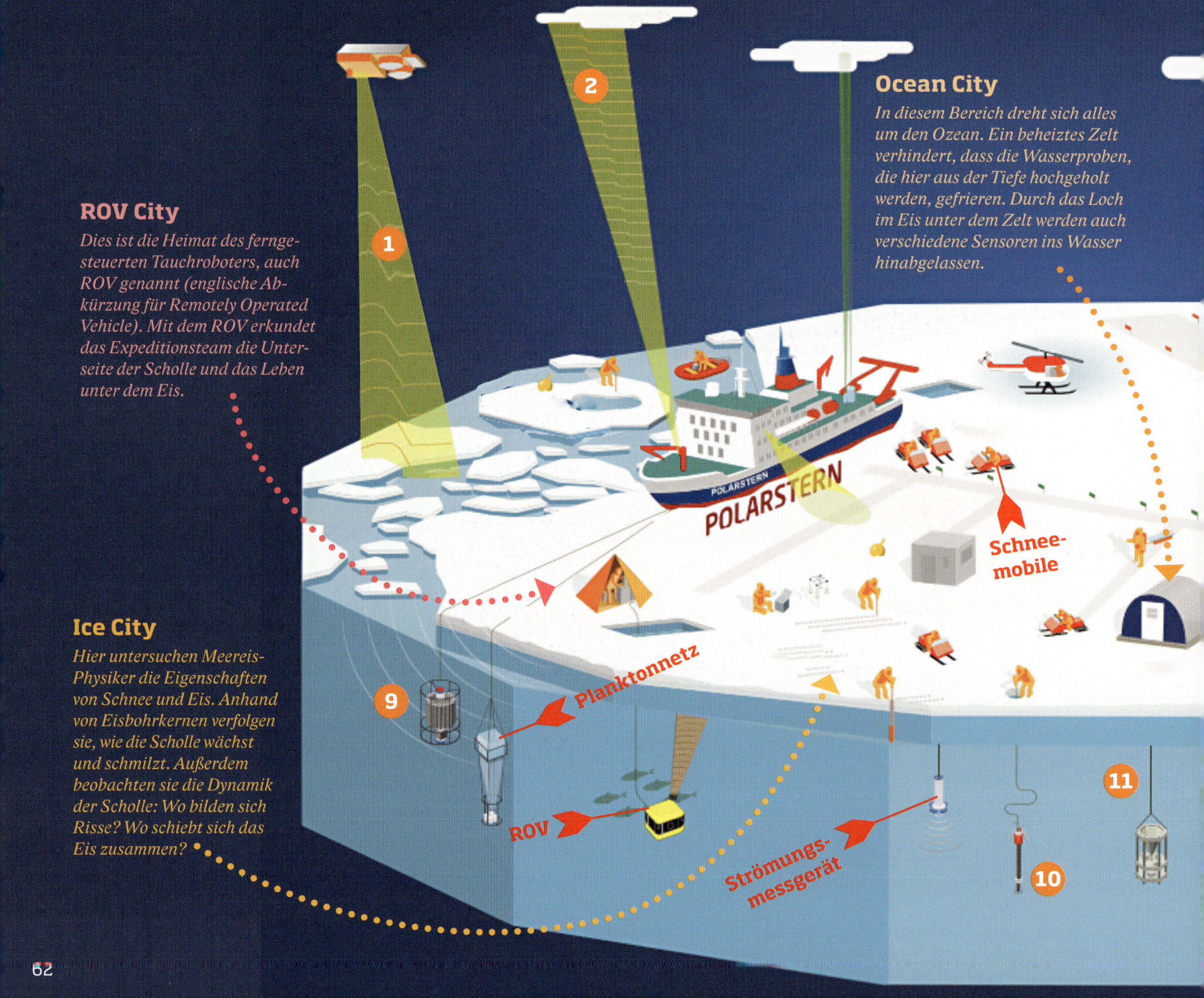

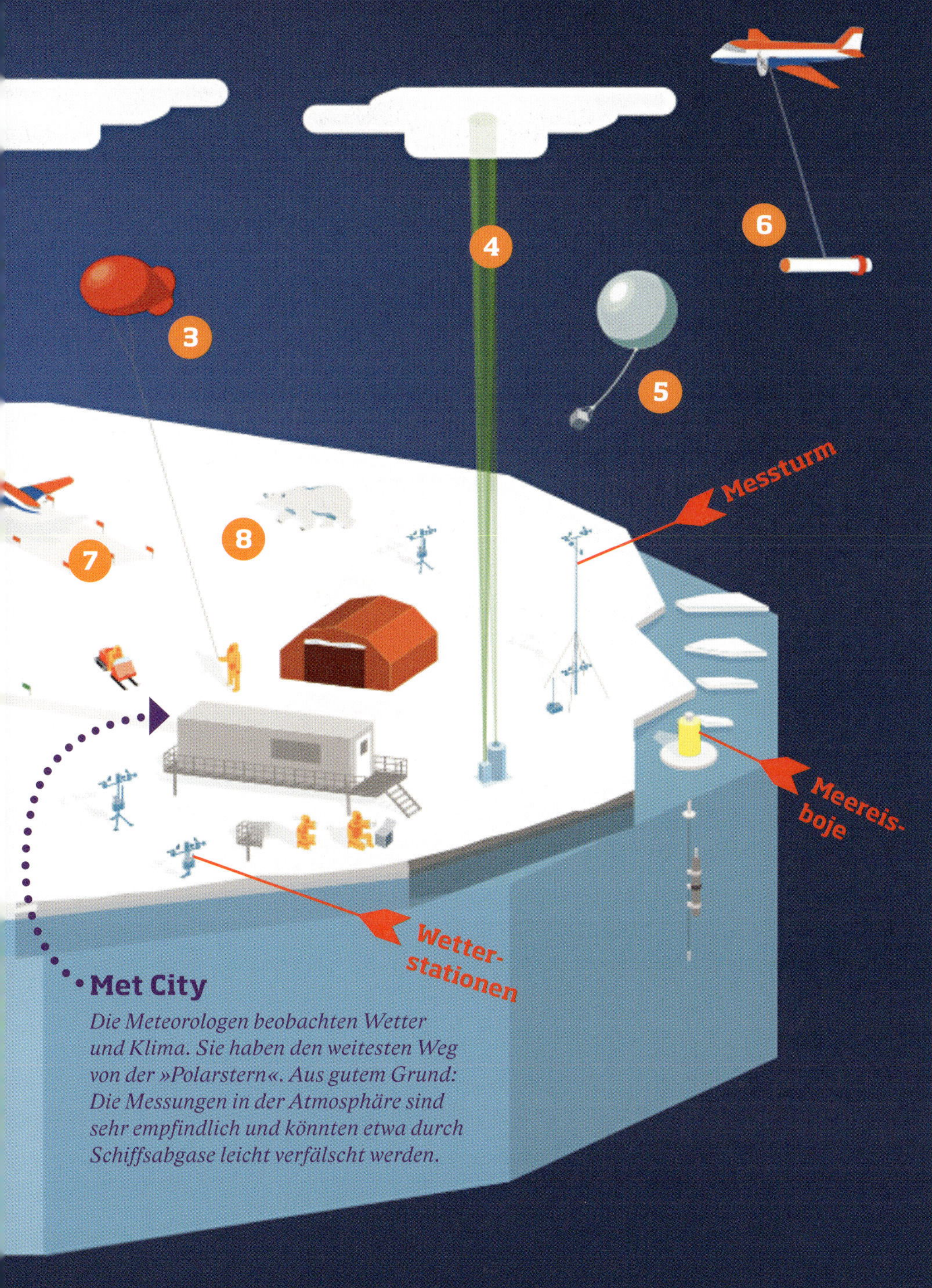

Met City

Die Meteorologen beobachten Wetter und Klima. Sie haben den weitesten Weg von der »Polarstern«. Aus gutem Grund: Die Messungen in der Atmosphäre sind sehr empfindlich und könnten etwa durch Schiffsabgase leicht verfälscht werden.

1 **Satellitenmessungen**
Sie geben Auskunft über die Eisbedeckung und die Struktur der Eisoberfläche.

2 **Wolkenradar**
Damit kann man in das Innere einer Wolke blicken.

3 **Forschungsballon**
Er hat den Spitznamen Miss Piggy und hängt an einer langen Leine. Mit ihm lassen sich Schwebeteilchen, Luftverwirbelungen und Strahlung in bis zu zwei Kilometern Höhe messen.

4 **Laserstrahl**
Mit seiner Hilfe untersuchen die Forscherinnen und Forscher Wolken und Schwebeteilchen in der Atmosphäre.

5 **Atmosphärenballon**
Während er in die Höhe steigt, übermittelt er Daten wie Temperatur oder Luftfeuchtigkeit an das Schiff.

6 **Eisdickensensor**
Er hängt an einem Kabel und wird über das Meereis geflogen, um die Dicke der Schollen großflächig zu vermessen.

7 **Start- und Landepiste**
Hier können Polarflugzeuge landen und starten.

8 **Schutz vor Eisbären**
Stolperdrähte rings um das Camp lösen bei Eisbärenkontakt zischende Leuchtraketen aus. Bei der Arbeit auf dem Meereis passen Eisbärenwachen auf, dass das Forschungsteam nicht überrascht wird. Im Krähennest der »Polarstern« ist zudem eine Wärmebildkamera zur Eisbärenüberwachung angebracht.

9 **CTD-Rosette**
Mit ihr werden Temperatur und Salzgehalt gemessen und Wasserproben gesammelt.

10 **Turbulenzsonde**
Sie verrät den Meeres-Physikern, wie stark sich unterschiedliche Wasserschichten vermischen.

11 **Partikelfalle**
Sie sammelt alles auf, was in die Tiefe rieselt – etwa tote Algen oder die Kotballen kleiner Krebstiere.

Meereis in Bewegung

Fest verankert
Armdicke Seile halten die »Polarstern« auf ihrer Parkposition an der Eisscholle. Mit einer Geschwindigkeit von rund elf Kilometern pro Tag treiben Schiff und Scholle durch die Polarnacht.

Die Eisdecke des Arktischen Ozeans wandelt sich stetig: Im Herbst beginnt sie, sich auszubreiten, ehe sie im Frühjahr ihre größte Ausdehnung erreicht und bis Ende des Sommers wieder schrumpft. Mit der Transpolardrift treibt das Meereis von seiner Kinderstube vor der Küste Sibiriens über den Nordpol bis an die Ostküste Grönlands. Durch Wind und Wellen brechen Eisschollen auf ihrer Reise entzwei und werden übereinandergeschoben. Meereis ist also ziemlich rastlos. Zugleich wird die Eisdecke infolge der Erderwärmung immer kleiner. Das Eis ist heute nur noch so halb so dick wie vor über 125 Jahren, als Fridtjof Nansen den Arktischen Ozean überquerte. Viele Eisschollen schmelzen, bevor sie das zentrale Nordpolarmeer erreichen. Die verbliebenen Schollen werden dadurch beweglicher und schneller.

Zwischen Ozean und Atmosphäre

Bei der MOSAiC-Expedition können Forscherinnen und Forscher erstmals genau studieren, wie sich die Meereisdecke im Laufe des Jahres verändert – und welche Folgen der Eisrückgang für das Klima und das Nahrungsnetz im Ozean hat. Denn Meereis bildet eine Barriere zwischen Ozean und Atmosphäre. Die Eisbedeckung bestimmt, wie viel Wärme der Ozean im Winter an die eiskalte Polarluft abgibt und wie viel Wasserdampf aufsteigt, aus dem Wolken entstehen. Auch den Austausch von Treibhausgasen regelt das Meereis. Methan etwa, das in den Permafrostböden Sibiriens entsteht, gelangt über Flüsse ins Nordpolarmeer und wird im Meereis eingeschlossen. Ebenso finden sich darin Nährstoffe. Wenn das Eis schmilzt, werden die Einschlüsse wieder freigesetzt, gelangen in die Atmosphäre oder befeuern das Wachstum von Plankton. Zudem leben im Meereis mikroskopisch kleine Bakterien, Algen und kleine Krebstierchen, von denen sich größere Meeresbewohner ernähren.

Wie dick ist die Scholle?

Jeden Morgen ziehen die Forschenden los auf ihre Scholle, um zu untersuchen, wie sich der Klimawandel auf all diese Prozesse auswirkt. Sie sind mit Schlitten, Schneemobilen oder auf Skiern unterwegs, stets im Team und mit Eisbärenwache. Sie haben dicke Polaranzüge an, denn in der Polarnacht wird es bitterkalt. An stürmischen Tagen sinkt die gefühlte Temperatur auf minus 60 Grad Celsius! Die Meereis-Physikerinnen und -Physiker messen die Tiefe der Schneedecke, bohren Eisbohrkerne aus der Scholle und bestimmen die Meereisdicke. Jetzt im Winter wird das Meereis jeden Tag etwa einen Zentimeter dicker, indem Meerwasser an der Unterseite der Schollen gefriert.

Eisbärenalarm! Die Forschenden arbeiten im Zuhause der großen Raubtiere. Deshalb beobachtet eine Eisbärenwache die Umgebung, sobald jemand auf dem Eis ist. Nähert sich ein Tier, heißt das: Scholle räumen und zurück auf die »Polarstern«.

Ausrüstung fürs Eis

Bei der Arbeit auf dem Meereis steht Sicherheit an oberster Stelle. So tragen die Forschenden etwa einen speziellen Polaranzug, der sie an der Oberfläche hält, sollten sie ins eiskalte Wasser fallen. Um das zu verhindern, wird jeder, der nahe an der Eiskante arbeitet, mit Gurt, Seil und Eisschraube gesichert. Zur unverzichtbaren Ausrüstung gehören außerdem Funkgerät, Stirnlampe, Rettungsseil, Messer, Signalpistole und ein Gewehr pro Team. Führt ein Ausflug weit weg vom Schiff, dann wird eine Notfalltasche gepackt. Mit Zelt, Schlafsack, Proviant und Erste-Hilfe-Set – falls man es nicht zurück zur »Polarstern« schafft.

Thermounterwäsche, Polaranzug, zwei Paar Handschuhe, Schneestiefel: Bevor es nach draußen geht, heißt es warm anziehen. Das Gesicht wird mit Skimaske und Schneebrille geschützt.

Die am Boden gewonnenen Daten vergleicht das Forschungsteam später mit Satellitenmessungen. Denn nur mithilfe von Umweltsatelliten kann man die Eisbedeckung im Arktischen Ozean das ganze Jahr über erfassen. Allerdings lässt sie sich bisher nur ungenau aus dem Weltall bestimmen, besonders wenn viel Schnee auf den Eisschollen liegt. Die MOSAiC-Expedition soll helfen, die Auswertung von Satellitendaten zu verbessern, und so genauere Vorhersagen des zukünftigen Erdklimas ermöglichen.

Wichtig!

Vor der Arbeit auf dem Meereis sollte man noch mal zur Toilette gehen. Denn Wildpinkeln auf der Scholle ist strengstens verboten! Man möchte ja nicht die Umwelt verschmutzen oder Schneeproben verfälschen, mit denen jemand anderes noch arbeiten muss. Außerdem würde einem dabei buchstäblich der Hintern abfrieren.

Es knirscht und knallt

Während die Expedition voranschreitet, ist das Meereis rings um die »Polarstern« ständig in Bewegung. Risse entstehen in der MOSAiC-Eisscholle und frieren wieder zu. An anderen Stellen türmt sich das Eis zu mehr als 20 Meter hohen Presseisrücken auf. Die Spannung im Eis entlädt sich in Eisbeben, die das Schiff erzittern lassen. Ganze Bereiche des Forschungscamps verschieben sich und Instrumente drohen von Eis und Ozean verschlungen zu werden. Mehrfach müssen die Forschenden ausrücken, um Geräte zu retten und neue Kabel zu verlegen.

Die Forschenden haben ein Stück Eis aus der Scholle gezogen und messen die Temperatur in den verschiedenen Eisschichten. Später untersuchen sie im Labor die Struktur der Eiskristalle. Diese verrät ihnen, unter welchen Umweltbedingungen das Meereis gewachsen ist.

Auf Wolkenjagd

Unser Planet ist von einer mehrere Hundert Kilometer dicken Gashülle umgeben. Die Erdatmosphäre besteht vor allem aus Stickstoff und Sauerstoff, enthält aber auch Wasserdampf und andere Stoffe, die nur in geringen Mengen vorliegen. Zu diesen Spurenstoffen gehören Treibhausgase wie Kohlendioxid und Ozon und winzige Schwebeteilchen, sogenannte Aerosole. Spurenstoffe spielen eine wichtige Rolle für das Klima: Sie bestimmen, wie viel Sonnenenergie die Erdoberfläche erreicht und wie viel Wärmestrahlung von der Erde ins All gelangt. Wenn man die Erwärmung der Arktis und den Rückgang des Meereises verstehen will, muss man daher in den Himmel über dem eisbedeckten Ozean schauen – so wie die Atmosphärenforschenden auf der »Polarstern«.

In der Wetterküche

Die Atmosphäre hat mehrere Etagen. Für das Klima sind die unteren beiden von Bedeutung: die Troposphäre und die darüber liegende Stratosphäre. In der Troposphäre gibt es Winde und Wolken, dort regnet und schneit es. Sie ist die Wetterküche des Planeten. Am Äquator reicht sie von der Erdoberfläche bis in 17 Kilometer Höhe, an den Polen nur etwa halb so hoch hinauf. Mit zunehmender Höhe wird die Luft dünner – der Luftdruck sinkt – und es wird kälter. In der Stratosphäre, die sich bis in 50 Kilometer Höhe erstreckt, steigt die Temperatur hingegen wieder an. Das liegt an der Ozonschicht in der Stratosphäre. Dort fängt das Gas Ozon einen Großteil der UV-Strahlung der Sonne auf und wandelt diese in Wärme um.

Ballons über dem Eis

Um die Prozesse und die Spurenstoffe in der Atmosphäre zu untersuchen, lassen die Wissenschaftlerinnen und Wissenschaftler verschiedene Forschungsballons über der Eisscholle aufsteigen. Manche fliegen 35 Kilometer hoch, bis in die Stratosphäre. Sie messen, wie kalt und feucht es in den verschiedenen Luftschichten ist, wie stark der Wind dort weht oder wie viel Ozon sie enthalten. Die Forschenden schießen außerdem einen grünen Laserstrahl in den nachtschwarzen Himmel, um Aerosole und Wolken zu vermessen.

Hohe Wolken, tiefe Wolken

Wolken sind einer der wichtigsten Faktoren im Klimasystem der Erde - und zugleich kaum verstanden. Der Grund: Wolken zu erforschen, ist kompliziert. Sie sind flüchtig, ändern ständig ihre Form und lassen sich nicht einfangen. Für das Klima sind Wolken auf zweifache Weise bedeutsam. Zum einen bringen sie Niederschlag – in den Polargebieten zumeist als Schnee. Zum anderen regeln Wolken den Wärmehaushalt der Erde. Sie reflektieren teilweise das einfallende Sonnenlicht und kühlen so die Erde. Aber sie können auch verhindern, dass Wärmestrahlung von der Erde ins All gelangt, sodass sich die Atmosphäre aufheizt. Dichte, tief hängende Wolken reflektieren vor allem Sonnenlicht, während hohe, dünne Wolken dieses eher durchlassen und mehr Wärme zurückhalten.

Eine Wolke wird geboren

Warme Luft kann mehr Wasserdampf aufnehmen als kalte. Steigt warme, feuchte Luft auf und kühlt ab, kann sie immer weniger Wasserdampf speichern. Aerosole in der Atmosphäre ziehen die Wassermoleküle im Wasserdampf wie Magneten an. Es entstehen kleine Tröpfchen oder Eiskristalle, die Wolken bilden – in der Arktis häufig auch Nebel. Zu den Aerosolen gehört eine ganze Bandbreite von

Im dunklen Sektor

Eine Forscherin sammelt Wasserproben an einem Riss im Eis. Sie untersucht Mikroorganismen, die Schwebeteilchen produzieren und damit zur Wolkenbildung in der Atmosphäre beitragen können.

Teilchen, die mit dem Wind Tausende Kilometer weit reisen: winzige Salzkörnchen, Wüstenstaub, die Asche von Vulkanausbrüchen oder kleinste Ruß- und Schwefelteilchen aus Fabriken und von Waldbränden.

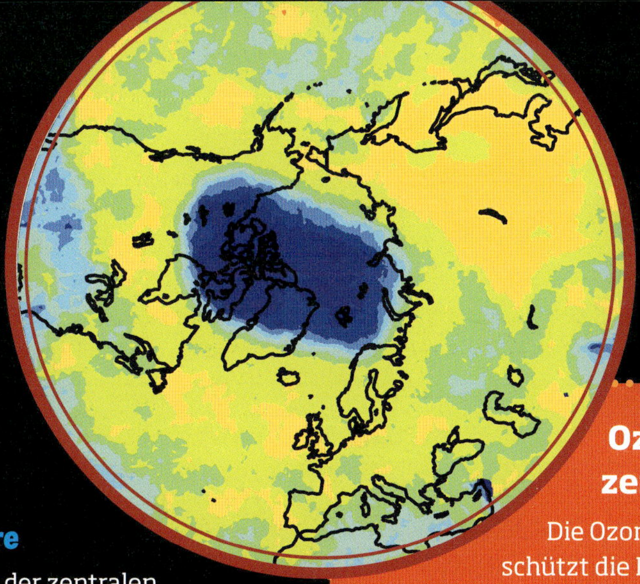

Die Karte zeigt den Ozongehalt in der Atmosphäre im Frühjahr 2020. In den blauen Bereichen über der Arktis ist er besonders niedrig.

Ozonloch über der zentralen Arktis

Die Ozonschicht in der Stratosphäre schützt die Lebewesen auf der Erde vor gefährlicher UV-Strahlung. Im Frühjahr 2020 haben die Forschenden der MOSAiC-Expedition in der Arktis einen Rekordverlust an Ozon gemessen. Sie befürchten, dass das arktische Ozonloch in Zukunft noch größer werden könnte, wenn wir die Erderwärmung nicht stoppen.

Wärmestau in der Atmosphäre

Durch den Klimawandel könnte es in der zentralen Arktis zukünftig mehr Wolken und Nebel geben und das Meereis daher noch schneller schwinden. Infolge der Erderwärmung verdunstet im zunehmend eisfreien Nordpolarmeer nämlich mehr Wasser zu Wasserdampf. Das steigert die Chance für Bewölkung und Nebel, die Wärmestrahlung in der unteren Atmosphäre halten. Schnee und Eis könnten so schneller schmelzen. Auch friert der Ozean im Herbst immer später zu. Das Eis bleibt dünner und es bilden sich mehr Risse, über die Wasserdampf in die Luft entweicht.

Aufbau der Atmosphäre

Die Gashülle der Erde reicht bis in etwa 400 Kilometer Höhe. Darüber beginnt die Exosphäre, die Übergangszone zum Weltall. Das Wetter und das Klima auf unserem Planeten werden von Prozessen in den beiden untersten Stockwerken bestimmt: in der Troposphäre und der Stratosphäre.

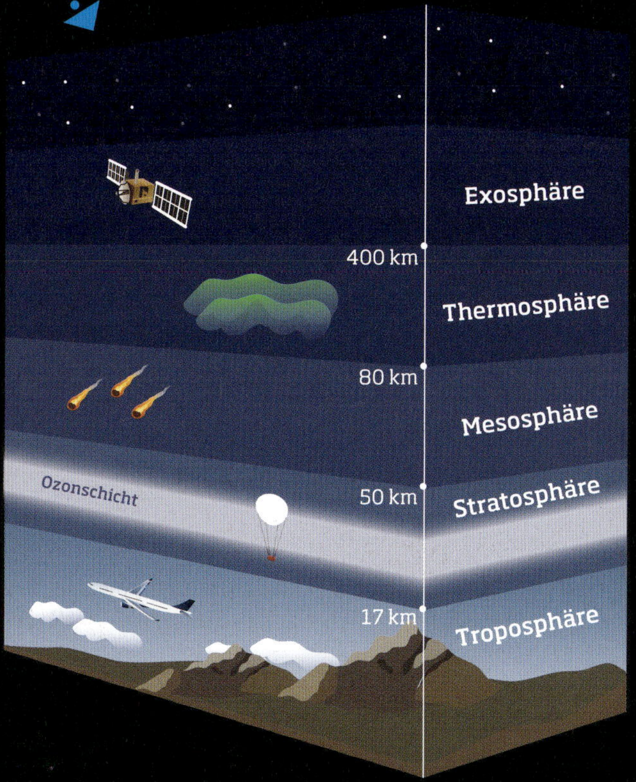

Regelmäßig lässt das Expeditionsteam den großen roten Forschungsballon über dem Eis aufsteigen.

In dunklen Tiefen

Eisangeln: Mit einer Langleine untersuchen diese Forschenden aus der Meeresbiologie, ob sich in der Polarnacht Fische tief unter dem Eis herumtreiben. Zur ihrer Überraschung gehen ihnen einige Atlantikdorsche an den Haken. So weit nördlich hatten sie die Fische nicht vermutet.

Während einige Wissenschaftlerinnen und Wissenschaftler bei der MOSAiC-Expedition den Himmel über dem Eis erforschen, untersuchen andere die Tiefen des Ozeans. Entlang der Route der »Polarstern« mit der Eisdrift ist das Nordpolarmeer stellenweise mehr als vier Kilometer tief! Die Meeres-Physikerinnen und -Physiker etwa messen die Wassertemperatur und den Salzgehalt, Strömungen und Verwirbelungen. Sie wollen wissen, woher die Wassermassen im Arktischen Ozean kommen, welchen Weg sie nehmen und wie stark sie sich vermischen. Das entscheidet unter anderem darüber, wie viel Wärmeenergie aus der Tiefe an die Oberfläche gelangt und das Meereis schmelzen lässt.

Oben kalt, unten warm

Den größten Wasseraustausch hat das Nordpolarmeer mit dem Atlantik. Besonders über die Framstraße zwischen Spitzbergen und Grönland strömt relativ warmes Atlantikwasser nach Norden und kaltes Polarwasser sowie Meereis nach Süden, in die Grönlandsee. Auch zwischen Norwegen und der Inselgruppe Spitzbergen strömt Atlantikwasser in die arktische Barentssee. Atlantik- und Polarwasser unterscheiden sich in Temperatur und Salzgehalt und sind daher unterschiedlich schwer. Deshalb vermischen sie sich nicht einfach, sondern schichten sich übereinander: Das weniger salzige, leichtere Polarwasser liegt über dem sehr salzigen, schweren Atlantikwasser. Nur dank dieser Schichtung kann der Arktische Ozean gefrieren.

In Ocean City haben die Forschenden ein Loch ins Meereis gesägt, um ihre Messgeräte in die Tiefe zu lassen. Diese Forscherin beobachtet fasziniert, wie sich rasch wieder kleine Eisplättchen bilden.

Wärme aus dem Atlantik

Durch den Klimawandel gelangt jedoch immer wärmeres und zugleich mehr Atlantikwasser in die Arktis, das sich stärker mit dem Polarwasser vermischt. Die Folge: Das Oberflächenwasser wird wärmer und salziger. Diese sogenannte Atlantifizierung der Arktis ist ein Grund, warum das Meereis zurückgeht. Weniger und dünneres Meereis bedeutet zudem, dass Winde die Eisdecke leichter aufbrechen und die Schollen schneller vor sich hertreiben können. Besonders im Winter, wenn heftige Stürme in der Arktis toben. Das Forschungsteam auf der »Polarstern« beobachtet, wie der Ozean dabei kräftig umgerührt wird. Denn das driftende Meereis zieht das Oberflächenwasser mit, sodass Wasser aus der Tiefe aufsteigt. Außerdem fahnden die Forschenden nach Wirbeln, die sich von Strömungen abkapseln und durch das Nordpolarmeer kreiseln. Solche Wirbel sind Hunderte Meter bis mehrere Kilometer groß und können ebenfalls Tiefenwasser nach oben befördern.

Leben unter dem Meereis

Unter den Schollen tummeln sich junge Polardorsche (1), Rippenquallen (2) und Flügelschnecken, auch Meeresengel genannt (3).

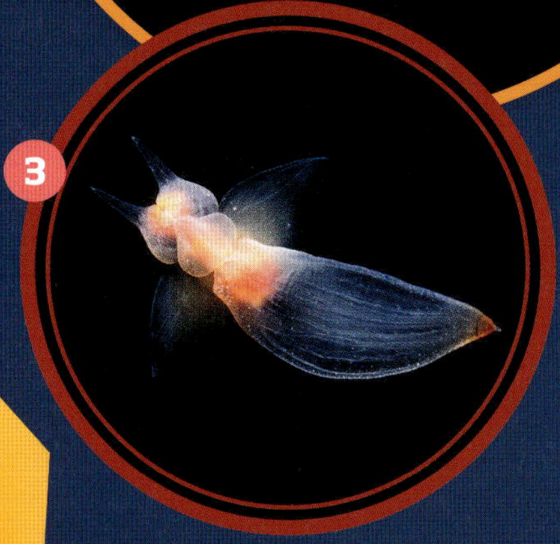

Arktischer Planktonzoo

Die Meeresbiologinnen und -biologen erforschen während der Eisdrift das Leben im und unter dem Meereis. Sie installieren eine Fischkamera unter dem Eis, lassen Planktonnetze und Angelleinen in die Tiefe und erkunden mit dem Tauchroboter die Eisunterseite. Sie wollen herausfinden, welche Organismen es im Winter in der zentralen Arktis gibt, wer dort wen frisst und wie sich das Nahrungsnetz durch das Schrumpfen der Eisdecke verändert. Das Meereis selbst wird von zahllosen Mikroorganismen wie Bakterien, Algen und winzigen Würmern bevölkert. In den Ritzen und Nischen unter den Schollen wiederum treibt sich allerhand Zooplankton herum, unter anderem Algen fressende Ruderfußkrebse und räuberische Flohkrebse. Im Wasser schweben Schnecken mit Flügeln und schillernde Rippenquallen.

Schutz im Eislabyrinth

Bei den Tauchfahrten des Tauchroboters schwimmen den Forschenden auch öfter kleine Polardorsche vor die Kamera. Sie legen ihre Eier im Packeis ab und die Jungfische reisen mit der Eisdrift durch das Nordpolarmeer. Das Eislabyrinth bietet ihnen Schutz vor Räubern – und im Sommer finden sie dort reichlich Zooplankton zu fressen. Wie aber überleben die Fische die lange, dunkle Polarnacht, wenn das Nahrungsangebot unter dem Eis sehr gering ist? Diese Frage soll die MOSAiC-Expedition beantworten.

Rekord

5 551 Meter

tief ist die tiefste Stelle im Arktischen Ozean: das Molloytief in der Framstraße zwischen Grönland und Spitzbergen.

Wasserschichtung im Arktischen Ozean

An der Polarfront treffen Atlantikwasser und Polarwasser aufeinander. Das Atlantikwasser ist sehr salzig und verliert auf dem Weg nach Norden Wärme an die Atmosphäre. Daher ist es schwer und strömt unter dem leichteren, weniger salzigen Polarwasser in den Arktischen Ozean. Das Polarwasser bildet eine Barriere für die Wärme des Atlantikwassers. So kann das Oberflächenwasser im Winter stark genug abkühlen, dass sich Meereis bildet. Mit der Eisdrift treiben die Schollen von der zentralen Arktis in Richtung Nordatlantik. Ihr Schmelzwasser bildet die oberste Wasserschicht.

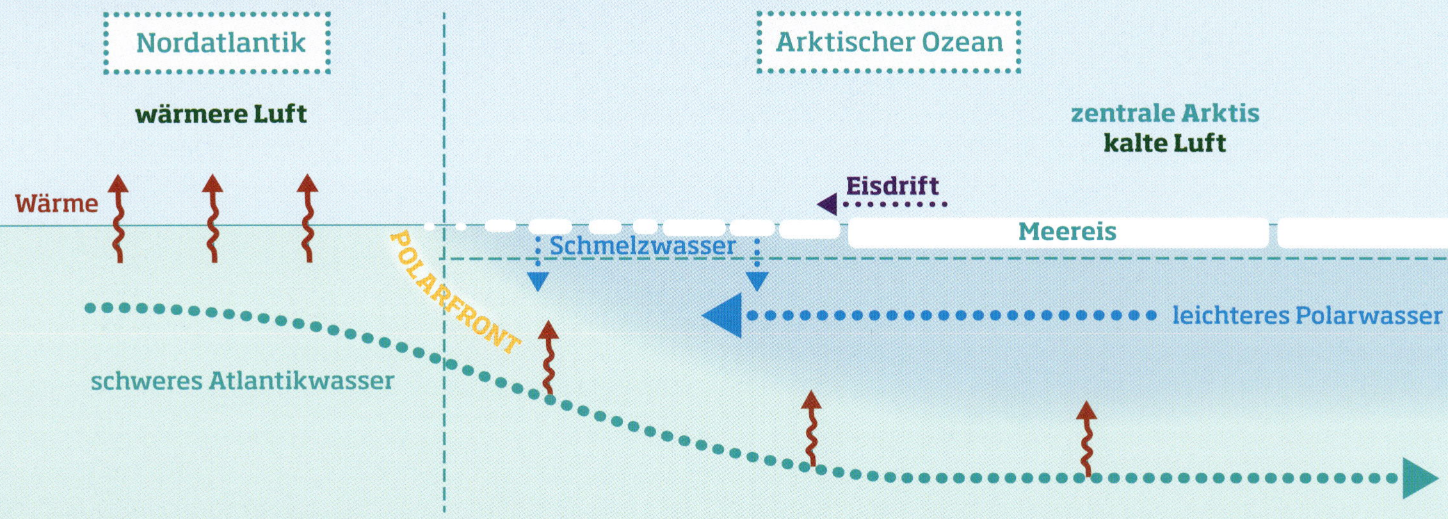

Das Leben an Bord

Wie bei jeder Polarexpedition wird auf der »Polarstern« auch während der MOSAiC-Expedition fast rund um die Uhr geforscht. Auf einem Forschungsschiff gibt es selten freie Tage. Man vergisst leicht, welcher Wochentag eigentlich gerade ist. Wochenende? Erkennt man daran, dass es samstags Eintopf gibt und sonntags Eis zum Nachtisch. Die regelmäßigen Mahlzeiten an Bord und ein knurrender Magen erinnern Forschende und Mannschaft auch daran, welche Tageszeit gerade herrscht. Denn in der ewig dunklen Polarnacht gerät die innere Uhr durcheinander. Manche können nachts nicht schlafen und sind tagsüber hundemüde. So eine Polarexpedition ist also ganz schön anstrengend. Auch die Arbeit draußen in der eisigen Kälte zehrt an den Kräften – zumal es nach der Rückkehr zum Schiff oft noch ins Labor geht: Proben messen oder Experimente durchführen.

In der Freizeit

Aber die Teilnehmerinnen und Teilnehmer der Expedition haben auch Freizeit an Bord. Manchmal zwingt sie stürmisches Wetter sogar dazu, die Forschung auf dem Eis zu unterbrechen. Freie Stunden werden unter anderem für praktische Dinge genutzt, zum Beispiel Wäsche waschen im Wäscheraum. Andere rufen die Familie und Freunde an oder schicken E-Mails in die Heimat. Telefon und Internet laufen über eine Satellitenverbindung. Um YouTube-Videos zu schauen, ist sie jedoch zu langsam.

Am Abend sitzen viele gerne im gemütlichen Roten Salon neben der Messe zusammen. Man plaudert, spielt Karten oder strickt ein Paar warme Socken. Manchmal schaut man auch gemeinsam einen Film im Vortragsraum oder trifft sich auf ein Getränk in der Schiffsbar. An Halloween steigt dort eine Party, bei der sich alle mit selbstgebastelten Kostümen verkleiden!

Schon gewusst?

Bei der MOSAiC-Expedition sind über 300 Forscherinnen und Forscher aus 37 Ländern an Bord der »Polarstern«. Neben Deutsch wird auf dem Schiff daher vor allem Englisch gesprochen, die Sprache der Wissenschaft.

Ivo Beck
Atmosphären-Chemiker

»Ich wohne in der Schweiz und habe im Nordpolarmeer vor allem die Berge vermisst.«

»Ich war erstaunt, wie schnell man sich an die Kälte gewöhnt. Nach Tagen mit –35 °C kamen mir –20 °C auf einmal ziemlich warm vor.«

Anja Sommerfeld
Atmosphären-Physikerin

Christian Katlein
Meereis-Physiker

»Es war toll, bei MOSAiC in einem internationalen Team mit vielen Freunden zusammenzuarbeiten und etwas so Außergewöhnliches zu leisten.«

Wie wär's mit Schokolade?

Im Schiffskiosk verkauft der Steward abends Chips, Schokolade und Weingummi. Wer seine Zahnbürste zu Hause vergessen hat, wird hier ebenfalls fündig.

Weihnachten im Eis

Während der MOSAiC-Expedition herrscht im Dezember 2019 auch auf der »Polarstern« Weihnachtsstimmung. Die Messe wird weihnachtlich geschmückt und am 6. Dezember bekommen alle einen Schokonikolaus. Einmal wird abends draußen auf dem Meereis Glühwein ausgeschenkt. Bei minus 30 Grad Celsius gilt es jedoch, rasch zu trinken, sonst gefriert das Heißgetränk in der Tasse und es gibt Glühwein-Eis! An Heiligabend gibt es an Bord – typisch norddeutsch – Bockwürste und Kartoffelsalat zum Abendessen. Danach halten der Kapitän und der Expeditionsleiter im Blauen Salon, der guten Stube der »Polarstern«, eine Rede und es wird gewichtelt. Am 31. Dezember steigt dann mitten im Nordpolarmeer die nördlichste Silvesterparty der Welt. Um Mitternacht ertönt das Schiffshorn. Die Expeditionsteilnehmenden stoßen mit einem Glas Sekt auf den Jahreswechsel im Packeis an. Anschließend wird im großen Labor gefeiert und getanzt.

Schiffstraditionen

Zu einer Expedition mit der »Polarstern« gehören auch feste Traditionen. Eine davon ist das sogenannte Bergfest, das nach der Hälfte jeder Reise stattfindet. Dann wird draußen auf dem Arbeitsdeck gegrillt und drinnen stoßen Mannschaft und Forschende auf eine erfolgreiche erste Hälfte der Forschungsreise an. Eine andere Tradition auf der »Polarstern« ist der Wiege-Club: Immer sonntags vor dem Mittagessen ertönt eine Durchsage zum Wiegen in der Maschinenwerkstatt. Wer mag, wird dort von der Maschinen-Crew auf einer alten Balkenwaage gewogen, die aussieht wie eine Schaukel. Dann muss man schätzen, ob man in der letzten Woche abgenommen oder dank des guten Essens eher Kilos zugelegt hat. Wer falsch liegt, zahlt einen kleinen Betrag. Das Geld wird später an ein Kinderkrankenhaus gespendet.

Im Pool der »Polarstern« kann man schwimmen und Wasserball spielen. Wenn das Schiff nicht wie bei der MOSAiC-Expedition im Eis eingefroren ist, wird der Pool bei Seegang zum Wellenbad.

Bewegung an Bord

Wer die Zeit findet, kann auf der »Polarstern« auch Sport treiben und sich auspowern. Es gibt einen kleinen Fitnessraum und sogar ein Schwimmbad. Gleich nebenan kann man unterm Solarium Licht tanken oder in der Sauna entspannen. Beliebt sind zudem Rundlauf an der Tischtennisplatte und gelegentlich Fußball auf dem Meereis. Dann werden mit Fähnchen Tore markiert und Eisbärenwachen neben dem Spielfeld postiert.

Der nördlichste Bolzplatz der Welt: Nach Feierabend wird auf der MOSAiC-Eisscholle gekickt.

Crew-Wechsel im Packeis

Über ein Jahr dauert die MOSAiC-Expedition. Alle paar Monate ist dabei ein Crew-Wechsel in der Arktis geplant. In der Polarnacht soll das Schiff »Kapitän Dranitsyn« durchs Packeis zur »Polarstern« vordringen. An Bord des russischen Eisbrechers sind rund 100 Frauen und Männer. Sie sollen den Großteil des ersten Teams ablösen und die Forschung in der dunkelsten und kältesten Phase der Expedition übernehmen. Zudem hat die »Dranitsyn« Proviant geladen, darunter frisches Obst und Gemüse, sowie Messgeräte und Material für Reparaturen. Alles wurde genau geplant. Doch ob der Austausch von Personal und Fracht klappt, hängt am Ende von den Launen der Natur ab – besonders von der Eissituation.

Sturm in der Barentssee

Ende November 2019 bricht die »Dranitsyn« im norwegischen Tromsø mit dem zweiten Expeditionsteam auf. Aber schon bald muss sie sich in einen Fjord flüchten, da in der Barentssee ein heftiger Sturm tobt. Nachdem sich Wind und Wellen gelegt haben, kann sie ihre Fahrt fortsetzen. Sie bahnt sich einen Weg durch das immer weiter zufrierende Nordpolarmeer. Mitte Dezember erblicken die Menschen auf der »Dranitsyn« die Lichter der »Polarstern« in der finsteren Polarnacht. Die »Polarstern« ist inzwischen 200 Kilometer vom Startpunkt der Eisdrift entfernt. Da diese jedoch nicht geradlinig, sondern oft im Zickzackkurs verläuft, haben Schiff und Scholle bereits 720 Kilometer zurückgelegt.

Ankunft und Abschied

Vorsichtig legt die »Dranitsyn« neben der »Polarstern« an, damit die Eisscholle und das Forschungscamp nicht beschädigt werden. Anschließend wird die Ladung übers Eis getragen oder per Kran von Schiff zu Schiff bewegt. Die Neuankömmlinge bekommen eine Tour auf der »Polarstern«, damit sie die Messe, die Labore und ihre Kammern finden. Dann werden sie für die Arbeit auf dem Meereis eingewiesen: Wo befinden sich welche Messgeräte? Wie verlaufen die Wege im Camp? Welche Bereiche darf man nicht betreten, weil dort immer wieder Proben genommen werden? Für das neue Team ist es nicht so leicht, sich auf dem Meereis zu orientieren. Denn sobald man sich etwas von der »Polarstern« entfernt, ist es stockdunkel. Man sieht nur das, was der Schein der eigenen Taschen- oder Stirnlampe beleuchtet. Damit sich niemand verläuft, wurde in der ersten Expeditionsphase eine detaillierte Karte vom Forschungscamp erstellt.

Übergabe: Atmosphärenforscher Markus Rex (links), Chef des ersten Abschnitts von MOSAiC, wird vom Meereis-Physiker Christian Haas (rechts) als neuer Expeditionsleiter abgelöst.

Mitte Dezember 2019 legt der russische Eisbrecher »Dranytsin« für den ersten Crew-Wechsel neben der »Polarstern« an – ein heikles Manöver, denn die Eisscholle und das Forschungscamp dürfen nicht beschädigt werden. Aber dem erfahrenen Kapitän der »Dranytsin« gelingt es.

1. Crew-Wechsel

Im Februar 2020 bricht sich das Versorgungsschiff »Dranytsin« erneut durch das arktische Packeis und erreicht schließlich die »Polarstern«. Es ist der zweite Crew-Wechsel der MOSAiC-Expedition, kurz vor Ende der Polarnacht.

Rekord

Nur 156 km

trennen die »Polarstern« am 24. Februar 2020 vom Nordpol. Noch nie war ein Schiff im Winter näher am nördlichsten Punkt der Erde!

Das abgelöste Team macht sich schließlich mit der »Dranitsyn« auf die Heimreise. Viele freuen sich auf zu Hause, auf ihre Familien und Freunde. Zugleich nehmen sie schweren Herzens Abschied von der rauen Schönheit und endlosen Weite der Arktis.

Kaum ein Durchkommen

Im Februar 2020 ist der zweite Crew-Wechsel der Expedition vorgesehen. Wieder bricht die »Dranitsyn« in Tromsø auf. Und wieder muss sie vor stürmischem Wetter in der Barentssee mit acht Meter hohen Wellen in einem Fjord Schutz suchen. Mit ein paar Tagen Verspätung erreicht das Schiff die Meereisgrenze zwischen Spitzbergen und Franz-Josef-Land. Auf dem anschließenden Weg durchs Eis zur »Polarstern« haben sich jedoch viele Schollen zu dicken Presseisrücken übereinandergeschoben. Diese sind meterhoch und reichen teilweise 20 bis 30 Meter in die Tiefe. Das ist zu viel für den Eisbrecher. Der russische Kapitän muss dem Eis immer wieder ausweichen und eine neue Fahrrinne suchen. Nur schleppend kommt die »Dranitsyn« voran.

Fast am Nordpol

Endlich! Ende Februar gibt es ein Wiedersehen der Schiffe, die »Dranitsyn« erreicht die »Polarstern«. Diesmal stoppt sie in etwa einem Kilometer Entfernung. Der Austausch von Personal und Ausrüstung erfolgt zu Fuß sowie mit Schneemobilen und Schneeraupen. Der Wind lässt die gefühlte Temperatur jetzt auf fast minus 60 Grad Celsius sinken! Noch nie hat es ein Schiff mit eigenem Antrieb im Winter so weit nach Norden geschafft wie die »Dranitsyn«, nur 170 Kilometer fehlen ihr noch bis zum Nordpol! Wenige Tage zuvor ist die »Polarstern« mit der Eisdrift sogar noch näher am Nordpol vorbeigetrieben. Die MOSAiC-Expedition bricht zahlreiche Rekorde.

Das Team des ersten Abschnitts der MOSAiC-Expedition. Es fuhr mit der »Dranytsin« im Dezember 2019 wieder nach Hause.

Diese Männer und Frauen bildeten das Team des zweiten Abschnitts der MOSAiC-Expedition und waren bis Anfang März 2020 auf der »Polarstern«.

Die Coronapandemie bricht aus

Mit dem zweiten Crew-Wechsel auf der »Polarstern« Ende Februar 2020 kehrt das Licht zurück in die zentrale Arktis und das Nordpolarmeer erwacht aus dem langen Winterschlaf. Das dritte Expeditionsteam erlebt nun eine völlig andere Welt als die Forschenden, die in der Polarnacht an Bord waren. Zeitgleich verändert sich die Welt weit entfernt vom Schiff dramatisch: Im Frühjahr 2020 breitet sich das Coronavirus rund um den Globus aus. Auf fast alles war das Team dank jahrelanger Planung vorbereitet – aber nicht auf ein gefährliches Virus. Wegen der Pandemie werden Grenzen sowie Flug- und Seehäfen geschlossen. Der MOSAiC-Expedition droht das vorzeitige Ende, da der dritte Crew-Wechsel nicht wie geplant per Flugzeug stattfinden kann.

Die »Polarstern« am Nordpol

Doch das Abenteuer geht weiter: Die deutschen Forschungsschiffe »Maria S. Merian« und »Sonne« brechen mit dem vierten Expeditionsteam in die Arktis auf. Vor Spitzbergen treffen sie die »Polarstern«, die ihre Eisdrift kurzzeitig unterbricht. Nach dem Crew-Wechsel kehrt die »Polarstern« zu ihrer Eisscholle zurück. Im Sommer bricht diese in der Framstraße auseinander. Es ist das Ende der Transpolardrift, aber noch nicht das der MOSAiC-Expedition! Denn die »Polarstern« wirft ihre Maschinen an und dringt noch einmal tief in den Arktischen Ozean vor. Sie erreicht sogar den Nordpol! Im Oktober 2020 legt sie schließlich nach über einem Jahr im Eis wieder in ihrem Heimathafen Bremerhaven an. Danach beginnt die Auswertung der vielen Daten, die die Forschenden aus der Arktis mitgebracht haben.

MOSAiC-Expedition III:

Eine neue Welt

Ein Virus gefährdet die Expedition

Ende Februar 2020 neigt sich die Polarnacht dem Ende. Erstmals seit Anfang Oktober färbt wieder Dämmerlicht den Himmel in rötlichen Farben. Wenig später kriecht die Sonne nach mehr als fünf Monaten Eisdrift wieder über den Horizont. Die Welt, die sich bislang auf den kleinen, von den Scheinwerfern der »Polarstern« erleuchteten Bereich beschränkte, wird nun täglich größer. Ab Ende März folgt dann das andere Extrem: Polartag – jetzt geht die Sonne überhaupt nicht mehr unter! Auf dem Meereis tragen die Forschenden daher nun Sonnenbrillen statt Stirnlampen.

Plötzlich Pandemie

Doch nicht nur die Arktis wandelt sich im Frühjahr, auch die restliche Welt ist bald eine völlig andere. Anfang 2020 kommen aus China Berichte über eine ansteckende Lungenkrankheit: Covid-19, ausgelöst vom Coronavirus. Kurz darauf gibt es in Deutschland und anderen Ländern Europas die ersten Coronafälle. Das Virus verbreitet sich rasend schnell. Viele Staaten machen ihre Grenzen zu, Flug- und Seehäfen werden gesperrt, Geschäfte und Schulen schließen.

Abgeschnitten vom Rest der Welt

Das Virus gefährdet auch die MOSAiC-Expedition. Im April soll der dritte Crew-Wechsel per Flugzeug aus Spitzbergen erfolgen. Denn das arktische Meereis ist im Frühjahr so dick, dass kein Eisbrecher durchkommt. Um jedoch die Bevölkerung von Spitzbergen vor dem Virus zu schützen, darf dort niemand mehr einreisen. Das Expeditionsteam ist

Als der Polartag anbricht, unternehmen die Forscherinnen und Forscher wieder Helikopterflüge mit dem Eisdickensensor, um das Meereis rund um die »Polarstern« zu vermessen.

Im Frühjahr kommt der Forschungsballon »Beluga« zum Einsatz. Er ist so groß wie ein Bus und steigt bis in 1 500 Meter Höhe auf. Dort misst er Strahlung und Schwebeteilchen, die zur Wolkenbildung beitragen.

Schon gewusst?

Das 118 Meter lange Forschungsschiff »Sonne« ist meist in warmen Gewässern im Indischen und Pazifischen Ozean unterwegs. So weit nach Norden wie im Frühjahr 2020, als es zusammen mit der »Maria S. Merian« die »Polarstern« vor Spitzbergen traf, war es noch nie gefahren. Vermutlich war es die erste und letzte Reise der »Sonne« in die hohe Arktis.

Da ein Crew-Wechsel per Flugzeug nicht möglich ist, machen sich die »Maria S. Merian« und die »Sonne« mit dem vierten Expeditionsteam auf den Weg nach Spitzbergen. Dort treffen sie die »Polarstern«, die ihre Eisdrift kurzzeitig unterbricht. Anschließend geht es für den Eisbrecher zurück zur MOSAiC-Eisscholle.

plötzlich mitten in der Arktis vom Rest der Welt abgeschnitten. Treibstoff und Vorräte der »Polarstern« reichen zwar noch für Monate. Aber Forschende wie Mannschaft sorgen sich um ihre Familien und Freunde in der Heimat. Es ist unklar, wann sie nach Hause können. Vorerst bleibt den Frauen und Männern an Bord des Schiffes nichts anderes übrig, als abzuwarten. Die Forschungsarbeiten laufen unterdessen weiter.

Wird die Expedition abgebrochen?

Zeitgleich wird am Alfred-Wegener-Institut fieberhaft an einem Rettungsplan gearbeitet. Man benötigt einen Eisbrecher für den Crew-Wechsel, sobald die Eisdecke dünner wird. Aber kein anderes Land hat ein Schiff, das es in absehbarer Zeit zur Hilfe schicken kann. Wochen vergehen. Fast sieht es so aus, als würde die MOSAiC-Expedition vorzeitig enden müssen.
Zuletzt gibt es doch noch eine Möglichkeit, die Expedition zu retten: Die Forschungsschiffe »Maria S. Merian« und »Sonne« sind gerade nach Deutschland zurückgekehrt – die »Merian« aus dem Südatlantik, die »Sonne« aus dem Indischen Ozean. Beide mussten ihre Expeditionen aufgrund der Coronapandemie abbrechen. Nun sollen sie den Crew-Wechsel auf der »Polarstern« übernehmen. Da aber beide Schiffe keine Eisbrecher sind, müssen sie die »Polarstern« in eisfreien Gewässern treffen. Diese kommt dank kräftiger Winde mit der Eisdrift zügig voran und ist im Mai nicht mehr weit weg von der Meereisgrenze nahe Spitzbergen.

Treffen der Forschungsschiffe

Mitte Mai werden die Motoren der »Polarstern« gestartet. Nach sieben Monaten Eisdrift verlässt das Schiff die Eisscholle. Das Forschungscamp wird abgebaut, zurück bleiben nur automatische Messinstrumente. Wenig später brechen die »Merian« und die »Sonne« in Bremerhaven mit dem vierten Expeditionsteam auf, das zuvor 14 Tage in Quarantäne war. Denn auf keinen Fall darf das Virus auf die »Polarstern« gelangen! Anfang Juni treffen sich die drei Schiffe schließlich in einem Fjord vor Spitzbergen. Mit kleinen Booten gelangen die Expeditionsteilnehmerinnen und -teilnehmer von einem Forschungsschiff zum anderen. Zudem werden Material und Proviant verladen.
Nach über vier Monaten auf See erreicht das dritte Expeditionsteam mit der »Merian« und der »Sonne« eine Woche später endlich Bremerhaven. Das vierte Team fährt mit der »Polarstern« zurück zur MOSAiC-Eisscholle, um die Expedition fortzusetzen.

Die Coronapandemie verhindert den für Anfang April geplanten dritten Crew-Wechsel. So muss das Team des dritten Abschnitts der Expedition – geleitet vom Meeresphysiker Torsten Kanzow vom Alfred-Wegener-Institut – über zwei Monate länger im Nordpolarmeer verbringen als geplant.

Schmelztümpel und neues Meereis

Nach dem dritten Crew-Wechsel setzt die »Polarstern« die Eisdrift Ende Juni fort. Das Forschungscamp auf dem Meereis wird wiederaufgebaut. Von der MOSAiC-Eisscholle sind inzwischen zahlreiche kleinere Schollen abgebrochen. Es herrscht Sommer und das Packeis zieht sich in Richtung Nordpol zurück. Plusgrade verwandeln das Eis in eine Seenlandschaft aus blauen Schmelztümpeln. Für die nächsten Wochen tauschen die Forscherinnen und Forscher ihre Schneestiefel daher gegen Gummistiefel.

Route der MOSAiC-Expedition

- - - Hin- und Rückweg
— 1. und 2. Eisdrift
— Fahrt zum Nordpol und zur 2. Scholle
- - - Fahrt zum Treffpunkt von »Polarstern«, »Merian« und »Sonne«
× Treffpunkt der Schiffe
× 1. Scholle
× 2. Scholle

Lebendige Arktis

Rings um das Schiff ist der Ozean nun voller Leben. Dank 24 Stunden Tageslicht wachsen unter den Eisschollen dichte Algenrasen, die vom Zooplankton abgeraspelt werden. Junge Polardorsche tummeln sich zwischen den Schollen, Robben strecken ihre Köpfe aus dem Wasser und Seevögel schwirren über die »Polarstern« hinweg. Zudem bekommen die Forschenden regelmäßig Eisbärenbesuch.

Die Scholle zerbricht

Während das Leben im Nordpolarmeer erblüht, treibt die MOSAiC-Eisscholle ihrem Ende entgegen: 300 Tage nach Beginn der Eisdrift ist die »Polarstern« nur noch wenige Kilometer entfernt von der Meereisgrenze in der Framstraße, wo das offene Wasser beginnt. Dort lassen Wellen die Eisschollen nach ihrer langen Reise quer über den Arktischen Ozean zerbrechen. Was übrig bleibt, schmilzt vor der Ostküste Grönlands. Die Forschenden nehmen jetzt die letzten Eisbohrkerne, lassen den Tauchroboter noch einmal zu Wasser und die Forschungsballons ein letztes Mal über dem Eis aufsteigen. Ende Juli wird das Camp dann erneut abgebaut. Gerade noch rechtzeitig: Einen Tag später zerbricht die einst kilometergroße Eisscholle in zahllose kleine Stücke. Das Eis hat die »Polarstern« wieder freigegeben.

Auf zur Schluss-Etappe!

Das Ende der Eisdrift bedeutet jedoch noch nicht das Ende der MOSAiC-Expedition. Mitte August trifft der russische Eisbrecher »Akademik Tryoshnikov« die »Polarstern« für einen letzten Crew-Wechsel in der Framstraße. Das fünfte Team führt die finale Etappe der Expedition durch: Es will die frühe Gefrierphase am Ende des Sommers studieren, wenn neues Meereis entsteht. Dazu soll die »Polarstern« möglichst weit nach Norden gelangen und an einer neuen Eisscholle festmachen.

Rekord

21,7 °C

wurden im Juli 2020 auf Spitzbergen gemessen, nur 1 300 Kilometer vom Nordpol entfernt! Es war die höchste Temperatur seit Beginn der Wetteraufzeichnung.

MOSAiC in Zahlen

389 Tage dauerte die Reise der »Polarstern«.

442 Menschen waren ingesamt an Bord.

3 400 km legte das Schiff mit der Eisdrift zurück.

150 Millionen Euro kostete die Expedition.

–42,3 °C betrug die Lufttemperatur am kältesten Tag.

Mehr als **60 Eisbären** wurden gesichtet.

Teamarbeit

Am Ende des Sommers legt die »Polarstern« nahe dem Nordpol an einer neuen Eisscholle an. Die Forschenden wollen hier die Neueisbildung studieren. Also schleppen sie die Messgeräte, die sie Ende Juli mühsam abgebaut haben, erneut aufs Eis.

Freie Fahrt zum Nordpol

Aber welche Route soll das Schiff nehmen? Auf Satellitenbildern sieht das Expeditionsteam, dass die Eisdecke nördlich von Grönland aufgerissen ist. Normalerweise treiben dort dicke Eisschollen und verhindern ein Durchkommen – auch im Sommer. Doch 2020 gibt es zwischen Grönland und dem Nordpol viel offenes Wasser. Wie schon im Vorjahr ist es ein heißer Sommer mit Hitzerekorden in der Arktis. Der Weg scheint frei. Und tatsächlich: Nach kurzer Fahrt erreicht die »Polarstern« am 19. August den Nordpol!

Eine neue Scholle

Am Nordpol werden Messungen durchgeführt und Wasserproben gesammelt. Anschließend legt die »Polarstern« weiter südlich an einer dicken, mehrjährigen Eisscholle an. Noch einmal schleppen die Forschenden ihre Messgeräte vom Schiff. Denn die Sonne steht nun täglich tiefer am Horizont und bald wird die Lufttemperatur wieder weit unter null Grad Celsius sinken. Dann entsteht neues Meereis und auf den Schollen, die den Sommer überlebt haben, frieren die Schmelztümpel wieder zu. Diese erste Phase im Leben des Meereises wollen die Forschenden besser verstehen.

Heimkehr nach Bremerhaven

Ende September 2020 macht sich das fünfte Expeditionsteam schließlich mit der »Polarstern« auf die Heimreise. Zum Abschied gibt es eine Schneeballschlacht auf der Eisscholle – und Besuch von einem Eisbären! Das Schiff bahnt sich ein letztes Mal seinen Weg durchs Packeis. Drei Wochen später erreicht es Bremerhaven. Damit endet das große Abenteuer in der Arktis nach über einem Jahr.

1

2

Das vierte Expeditionsteam (1) erlebt die Arktis in der Schmelzsaison, das fünfte (2) studiert die Neueisbildung im Herbst.

Fridtjof Nansen trifft Markus Rex

Fridtjof Nansen und seine Crew bewiesen mit der Reise der »Fram« von 1893 bis 1896, dass es möglich war, mit der arktischen Eisdrift in die Nähe des Nordpols zu gelangen. Über ein Jahrhundert später bewegte dieses Abenteuer ein internationales Team zur MOSAiC-Expedition – angeführt vom Klimaforscher Markus Rex vom Alfred-Wegener-Institut. Nansen starb bereits 1930. Aber nehmen wir mal an, er wäre in die Zukunft gereist und Markus Rex begegnet. Die beiden hätten sich bestimmt viel zu erzählen gehabt! Stellen wir uns das einmal vor …

Der Atmosphären-Physiker Markus Rex hat schon viele Expeditionen in die Polargebiete unternommen – MOSAiC war seine mit Abstand größte und aufwendigste. Er hat neun Monate in der Arktis verbracht.

Markus Rex: Ich freue mich, Sie endlich einmal persönlich zu treffen, Herr Nansen. Ihre Abenteuer in der Arktis sind legendär!
Fridtjof Nansen: Bei Ihrem Empfang hier in Bremerhaven scheinen Sie auch kein Unbekannter zu sein. All die Menschen am Ufer und die vielen Boote, die Ihr riesiges Stahlschiff in den Hafen begleitet haben! Darf ich fragen, was Sie beruflich machen?

Ich bin Polarforscher, genau wie Sie. Mein Team und ich sind gerade mit der »Polarstern« aus der Arktis zurückgekehrt.
Tatsächlich? Sie müssen mir unbedingt von Ihrer Expedition berichten!

Wollen wir uns nicht duzen? Polarforscher machen das heute so.
Meine Männer haben mich auf der »Fram« immer gesiezt. Nur Hjalmar Johansen, mit dem ich mir auf Franz-Josef-Land in einem Erdloch neun Monate lang einen Schlafsack teilen musste, habe ich das Du angeboten. Aber meinetwegen, Markus, erzähl von eurer Reise.

Gerne, Fridtjof. Wir sind mit der »Polarstern« ins östliche Nordpolarmeer gefahren und haben das Schiff im Packeis einfrieren lassen. Anschließend sind wir mit der Eisdrift einmal quer über die zentrale Arktis getrieben. Die Idee haben wir von dir.
Du bist offenbar genauso todesmutig wie ich! Sind all deine Männer zurückgekehrt aus dem Eis? Meine Frau dachte damals, sie würde mich nie wiedersehen. Es gab ja drei Jahre lang kein Lebenszeichen von uns.

Unsere »Polarstern« gehört zu den besten Schiffen für die Forschung im Packeis. Alle Frauen und Männer sind sicher wieder nach Hause gekommen. Zudem konnte die ganze Welt unsere Expedition verfolgen. Heutzutage kann man nämlich Nachrichten kabellos um den gesamten Globus schicken.
Erstaunlich … aber Moment mal: Sagtest du Frauen? Eine Polarexpedition ist doch nichts für Frauen!

Aber natürlich! Die Zeiten haben sich geändert, Fridtjof. Wir hatten sehr viele ausgezeichnete Polarforscherinnen an Bord. Ohne sie wäre die Expedition nicht halb so erfolgreich gewesen!
Na gut, wenn du das sagst. Hat denn auch euer Schiff die Eisdrift heil überstanden?

An einigen Stellen ist ein bisschen der Lack ab. Aber ansonsten hat die »Polarstern« dem Packeis standgehalten.
Und wie viele Schlittenhunde hattet ihr dabei für euer Abenteuer in der Arktis?

Wir nutzen heute motorisierte Schneemobile. Aber die ziehen immer noch Nansen-Schlitten, wie du sie für deine Expeditionen entworfen hast.
Die Bauart der Schlitten habe ich mir bei den Inuit auf Grönland abgeschaut. Die wissen, wie man im Eis überlebt! Aber sag mal, Markus: Was wolltet ihr denn überhaupt im Nordpolarmeer?

Wir wollten die zentrale Arktis erforschen, vor allem im Winter. Wir haben das Meereis untersucht, Proben im Ozean gesammelt und Forschungsballons in die Atmosphäre aufsteigen lassen.
Ausgezeichnet! Wir haben damals mit der »Fram« ebenfalls geforscht. Meerestiefe, Luft- und Wassertemperatur, Eisdicke – ich habe alles genauestens notiert.

Und deine Messungen sind für uns heute sehr wertvoll. Dank ihnen wissen wir, wie sich die Arktis in den letzten rund 125 Jahren verändert hat. Du würdest sie vermutlich nicht wiedererkennen. Wir sind im Rekordtempo bis in die Framstraße getrieben – innerhalb von nur zehn Monaten!
Du nimmst mich auf den Arm, oder? Ihr habt doch eine Abkürzung genommen!

Nein. Heute gibt es einfach weniger Meereis im Arktischen Ozean als früher, sodass die Eisdrift deutlich schneller verläuft. Schuld daran ist der Klimawandel. Die Menschheit verbrennt zu viel Öl, Gas und Kohle! Dadurch wird es auf der Erde wärmer. Und sie heizt sich leider viel schneller auf, als man es früher für möglich hielt. In wenigen Jahrzehnten könnte die Arktis deshalb im Sommer fast komplett eisfrei ist.
Was? Bist du dir sicher? Das ist ja erschreckend!

Darum müssen wir den Klimawandel dringend stoppen. Zum Beispiel, indem wir Strom mit Windkraft erzeugen.
So wie das Windrad für die elektrische Beleuchtung auf der »Fram«!

Genau! Nur dass Windräder heute viel größer sind und ganze Städte versorgen müssen.
Donnerwetter! Eine letzte Frage noch: Habt ihr es bis zum Nordpol geschafft?

Fridtjof Nansen wenige Jahre vor der Eisdrift mit der »Fram«. Seine Reise inspirierte spätere Polarexpeditionen.

Während unserer Eisdrift haben wir ihn knapp verfehlt. Im Sommer konnten wir dann aber mit der »Polarstern« bis zum Nordpol fahren.
Ach, wie gern wäre ich auch einmal am Nordpol gewesen … Ich würde ja gerne noch plaudern. Aber ich muss zurück ins 19. Jahrhundert, die Ergebnisse meiner Expedition zu Papier bringen.

Vor uns liegt auch noch viel Arbeit. Wir haben Unmengen an Daten und neuen wissenschaftlichen Erkenntnissen aus der Arktis mitgebracht. Es war schön, dich kennenzulernen, Fridtjof!
Ganz meinerseits, Markus. Und viel Erfolg beim Kampf gegen den Klimawandel!

Viel Arbeit nach der Expedition

Nach 13 Monaten in der Arktis ist die »Polarstern« zurück in Bremerhaven. Die MOSAiC-Expedition ist damit vorbei – aber die Arbeit der Forscherinnen und Forscher noch lange nicht. Für viele beginnt sie jetzt erst richtig. Denn die Expeditionsteams haben Container randvoll mit Proben aus dem Nordpolarmeer mitgebracht: Hunderte Eisbohrkerne, Boxen voller Schnee, Kanister gefüllt mit Meerwasser, zahllose Proben von Algen und Zooplankton, von Gasen und Schwebeteilchen in der Luft. Dazu kommen etliche Festplatten mit riesigen Datenmengen, die Messgeräte auf dem Meereis, in der Atmosphäre und im Ozean aufgezeichnet haben. Es wird Jahre dauern, das alles auszuwerten!

Analysen im Labor

Einige der Proben haben die Forschenden bereits während der Expedition in den Laboren der »Polarstern« analysiert. Aber manche Laborgeräte sind einfach zu groß und schwer, um sie mit auf eine Seereise zu nehmen. Außerdem werden diese auch von anderen Wissenschaftlerinnen und Wissenschaftlern benötigt, die zum Beispiel in der Antarktis forschen. Daher werden die meisten Proben erst nach der Expedition am Alfred-Wegener-Institut in Bremerhaven untersucht. Viele gehen auch an andere Institute rund um den Globus. In den verschiedenen Laboren wird etwa die Menge an Treibhausgasen in den Luftproben bestimmt oder Plankton unter dem Mikroskop gezählt.

Um die Klimaprozesse der Erde zu entschlüsseln, benötigt man leistungsfähige Supercomputer. Dieser hier am Deutschen Klimarechenzentrum in Hamburg hat eine Rechenpower wie rund 100 000 Laptops!

Selbst der beste Supercomputer braucht zu lange, um das Klima an jedem Ort auf der Erde zu berechnen. Daher legen Forschende in Computermodellen ein dreidimensionales Gitter über die Erde und bestimmen Werte wie die Temperatur nur an den Gitterpunkten. Diese reichen von der Atmosphäre bis zum Meeresgrund.

Wie funktioniert ein Klimamodell?

Um das Klimasystem unseres Planeten besser zu verstehen und Klimaveränderungen abschätzen zu können, bauen Forschende die Erde am Computer nach. Sie erschaffen ein Modell der Erde, in dem wichtige Klimaprozesse ablaufen – in der Atmosphäre, an Land und im Ozean. In Klimamodellen gibt es Winde und Meeresströmungen, Wasser verdunstet und Wolken entstehen, es regnet und schneit, Meereis bildet sich und schmilzt wieder. Diese Vorgänge basieren auf physikalischen Gesetzen und werden in Computermodellen durch komplizierte mathematische Formeln dargestellt. Manche Modelle berechnen auch, wie Landpflanzen und Algen Kohlendioxid aufnehmen und Menschen das Treibhausgas produzieren. Weil der Rechenaufwand für solche Computermodelle enorm ist, nutzt man in der Klimaforschung schnelle Supercomputer.

Nach der Expedition werden am Alfred-Wegener-Institut und in anderen Laboren Tausende Proben analysiert.

Erste Ergebnisse der Expedition

Schnelle Eisdrift: Starke Winde und wenig Meereis ließen die »Polarstern« in Rekordzeit über das Nordpolarmeer treiben.

Fische in Norpolnähe: Atlantikdorsche, Leuchtsardinen und Tintenfische leben weiter nördlich als bislang bekannt.

Arktisches Ozonloch: Die Forschenden entdeckten ein Rekord-Ozonloch über der zentralen Arktis.

Stärkere Vermischung: Das kalte Polarwasser an der Oberfläche vermischt sich immer stärker mit dem warmen Tiefenwasser aus dem Atlantik.

Die Erde im Computer

Hauptziel von MOSAiC war es, die Klimaprozesse in der Arktis besser zu verstehen. Deshalb wird ein Großteil der Daten später in Klimamodelle fließen. Das sind Computerprogramme, die das Klimasystem der Erde nachbilden. In so einem Modell können Forschende unter anderem Experimente machen. Zum Beispiel können sie es so programmieren, dass das arktische Meereis komplett schmilzt. Dann können sie untersuchen, welche Folgen das hätte – also wie sich der Ozean und die Atmosphäre verändern würden. So lernen sie, wie alles zusammenhängt und welche Prozesse für das Klima wichtig sind. Mit Klimamodellen können Forscherinnen und Forscher zudem in die Zukunft schauen und abschätzen, wie warm es auf der Erde wird, wenn wir noch mehr Treibhausgase produzieren.

Gemeinsam entsteht neues Wissen

Ihre Ergebnisse diskutieren Forschende mit Kolleginnen und Kollegen: »Was denkst du über die Daten? Hier passiert etwas, das ich noch nicht ganz verstehe.« Manchmal hat jemand anderes eine kluge Idee, auf die man selbst nicht gekommen ist. Wissenschaft ist echte Teamarbeit! Es gibt auch regelmäßig Konferenzen, auf denen Wissenschaftlerinnen und Wissenschaftler aus aller Welt ihre neuesten Entdeckungen vorstellen und sich austauschen. Irgendwann schreibt man dann einen langen Aufsatz – auf Englisch – und schickt ihn an eine Fachzeitung. Diese leitet den Text weiter an unabhängige Fachleute, die genau prüfen: Sind das wirklich neue Erkenntnisse oder weiß man das längst? Werden die Ergebnisse überzeugend erklärt? Bevor ein Artikel gedruckt wird, muss man oft nachbessern. Das bedeutet zusätzliche Arbeit, stellt aber sicher, dass das bestmögliche Wissen veröffentlicht wird. Die Fachzeitungen werden vor allem von anderen Forschenden weltweit gelesen, aber auch von Journalistinnen und Journalisten, die über die Ergebnisse berichten.

Pressekonferenz in Berlin: Klimaforscher und Expeditionsleiter Markus Rex, Meereis-Physikerin Stefanie Arndt und die frühere Forschungsministerin von Deutschland Anja Karliczek berichten über die dramatische Erwärmung der Arktis, die während der MOSAiC-Expedition beobachtet wurde.

Ungewisse Aussichten

Die MOSAiC-Expedition der »Polarstern« hat es eindrücklich belegt: Der Arktische Ozean verändert sich rasant. Auch die Landgebiete der Arktis und die Antarktis spüren den Klimawandel. Die Erde wird sich in den kommenden Jahrzehnten weiter aufheizen. Wie stark, ist unklar. Aber Forscherinnen und Forscher warnen: Wir müssen den Ausstoß von Kohlendioxid massiv reduzieren. Sonst werden Meereis und Gletscher noch schneller schmelzen. Den Tieren an Nord- und Südpol droht der Verlust von Lebensraum – und uns ein steigender Meeresspiegel und mehr Extremwetter. Die gute Nachricht ist: Es ist nicht zu spät, die Erderwärmung einzudämmen und die schlimmsten Folgen zu verhindern. Jeder kann mit kleinen Dingen im Alltag dazu beitragen.

Schutz für Arktis und Antarktis

Der Klimawandel stellt die größte Bedrohung für die zum Teil noch unberührte Natur in den Polarregionen dar. Auch, weil diese durch den Eisrückgang leichter zugänglich werden. Neue Fischereigebiete und Rohstoffe im Meeresboden wie Erdöl und Gas gelangen so in Reichweite des Menschen. Daneben sind die Lebewesen in den Polargebieten noch anderen Gefahren ausgesetzt, etwa Plastikmüll und Unterwasserlärm. Doch es gibt kleine Hoffnungsschimmer: Grönland will vor seiner Küste nicht nach Öl bohren, rund um den Nordpol darf vorerst niemand fischen und in der Antarktis kämpfen Menschen für große Meeresschutzgebiete.

Die Zukunft der Polarregionen

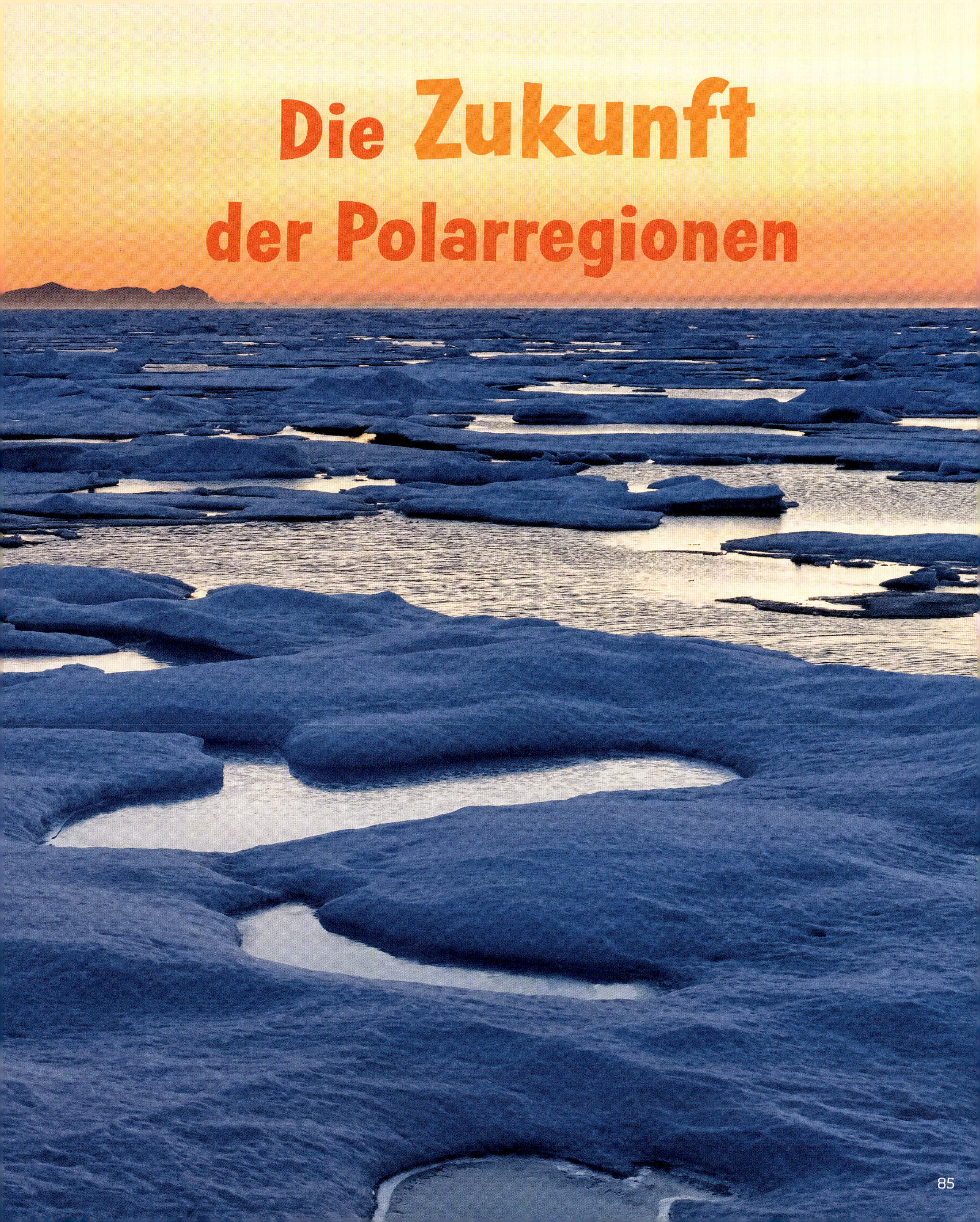

Der Weltklimarat warnt

Je stärker sich die Erde aufheizt, desto kleiner wird der Lebensraum für Tiere wie Eisbären. Gleichzeitig dringen Arten aus den gemäßigten Zonen tiefer in die Polarregionen vor, zum Beispiel Fische aus dem Atlantik in den Arktischen Ozean.

Das arktische Meereis geht zurück, Grönlands Gletscher schrumpfen und der Meeresspiegel steigt. All das sind keine neuen Erkenntnisse. Seit 1990 veröffentlicht der Weltklimarat regelmäßig Berichte über den aktuellen Wissensstand der Forschung zum Klimawandel. Mit jedem Bericht wird deutlicher: Unser Planet heizt sich auf – und die Hauptursache sind menschengemachte Treibhausgase. Schon jetzt hat der Klimawandel Folgen für viele Menschen sowie die Pflanzen- und Tierwelt. Die Botschaft des Weltklimarats ist eindeutig: Wir müssen die Erderwärmung bremsen und langfristig ganz aufhalten! Sonst werden die Polargebiete, wie wir sie heute kennen, auf Dauer verschwinden. Zudem drohen in anderen Teilen der Erde mehr Extremwetter und Überflutungen, wodurch Menschen ihr Zuhause oder Ackerland verlieren.

Was wir wissen

2021 hat der Weltklimarat seinen neuesten Klimabericht veröffentlicht. Darin steht: »Es gibt keinen Zweifel, dass der menschliche Einfluss zur Erwärmung der Atmosphäre, Ozeane und Kontinente führt.« In der Atmosphäre ist die Menge an Kohlendioxid (CO_2) heute höher als je zuvor in den letzten zwei Millionen Jahren! 2015 haben fast alle Länder der Welt auf der Klimakonferenz in Paris beschlossen, die Erderwärmung auf zwei, besser noch auf 1,5 Grad Celsius zu begrenzen. Forschende haben berechnet, wie viel CO_2 wir noch ausstoßen dürfen, um dieses Ziel zu erreichen. Viel ist es nicht mehr. Aber bisher folgen den Versprechen der Politik, den Klimawandel zu stoppen, nur wenig Taten.

Zukunftsszenarien

Schon jetzt hat sich der Planet um 1,2 Grad Celsius aufgeheizt und es ist unklar, wie weit die Temperaturen noch klettern werden. Auch Forscherinnen und Forscher können nicht in die Zukunft sehen. Aber mithilfe von Klimamodellen können sie verschiedene Szenarien durchspielen. Dafür machen sie Annahmen über das Bevölkerungs- und Wirtschaftswachstum, den technologischen Fortschritt sowie Maßnahmen zum Klimaschutz. Es gibt optimistische Szenarien, in denen wir auf die Umwelt Rücksicht nehmen, und pessimistische, in denen wir weitermachen wie bisher. Daraus ergeben sich unterschiedliche CO_2-Mengen, die in Zukunft noch in die Atmosphäre gelangen.

Momentan steuern wir auf eine Welt zu, in der das Pariser Klimaziel weit verfehlt wird: Im Jahr 2100 könnte es auf der Erde durchschnittlich etwa drei Grad wärmer sein als vor der Industrialisierung! Die Eis- und Schneemassen der Arktis und Antarktis werden in dieser Zukunft noch rascher schmelzen, der Permafrost noch tiefer auftauen. Mit schweren Folgen: Das Verbreitungsgebiet polarer Tierarten – von Zooplankton über Fische bis hin zu Eisbären – wird schrumpfen und aus den Permafrostböden werden mehr Treibhausgase entweichen. Mit zunehmender Erwärmung wächst auch die Gefahr von Erdrutschen in der Arktis und mehr Landmasse geht dort an den Küsten verloren.

Blick in die Zukunft

Computersimulationen verraten uns, wie heiß es auf der Erde wird, wenn wir weiterhin große Mengen an Öl, Gas und Kohle verbrennen. In den violett eingefärbten Bereichen könnte die Erwärmung im Extremfall über zehn Grad erreichen!

Das Wetter wird extremer

Die Auswirkungen des Klimawandels sind nicht nur an den Polen zu spüren. Laut Weltklimarat könnten schmelzende Gletscher den Meeresspiegel bis 2100 um weitere 30 bis 100 Zentimeter ansteigen lassen. Große Küstengebiete, Inseln und Städte drohen im Ozean zu versinken. Gleichzeitig steigt in vielen Gegenden das Risiko von Hitzewellen und Waldbränden, Dürren und Ernteausfällen, Starkregen und Überschwemmungen. Ein Grund dafür ist, das der Jetstream aufgrund der starken Erwärmung der Arktis immer öfter vom Kurs abkommt und heiße Luftmassen aus den Subtropen vermehrt nach Norden gelangen.

Was ist der Weltklimarat?

Der Weltklimarat der Vereinten Nationen heißt offiziell Zwischenstaatlicher Ausschuss für Klimaänderungen, auf Englisch: Intergovernmental Panel on Climate Change (abgekürzt IPCC). Zurzeit gehören dem IPCC 195 Länder an. In den Arbeitsgruppen des Weltklimarats sitzen mehrere Hundert Forscherinnen und Forscher. Etwa alle sechs Jahre erstellen sie gemeinsam den sogenannten IPCC-Bericht. Dafür lesen sie Tausende wissenschaftliche Aufsätze – ohne Bezahlung! Der Bericht fasst den aktuellen Stand der Forschung über den Klimawandel sowie die Folgen für Mensch und Natur zusammen. Darin steht auch, wie wir die Erderwärmung auf lange Sicht stoppen und uns an ein Leben auf einem heißeren Planeten anpassen können.

Pariser Klimaabkommen

2015 wurde auf der Klimakonferenz in Paris beschlossen, die Erderwärmung auf unter 2 °C zu begrenzen, möglichst auf 1,5 °C. Viel Zeit bleibt jedoch nicht mehr: Die Erde hat sich schon um 1,2 °C aufgeheizt!

Es ist noch nicht zu spät!

Das Klimasystem der Erde ist träge. Das heißt: Allein wegen der bereits ausgestoßenen Treibhausgase wird sich unser Planet weiter erwärmen. Wir werden uns daher an den Klimawandel anpassen müssen. Zum Beispiel, indem wir höhere Deiche an den Küsten aufschütten und Städte so bauen, dass sie sich im Sommer nicht zu stark aufheizen. Aber der Weltklimarat sagt auch: Es ist noch nicht zu spät, die Erderwärmung auf zwei Grad Celsius zu begrenzen. Dazu müssen wir unseren CO_2-Ausstoß jedoch stark reduzieren – und zwar schleunigst!

Sommer ohne Eis

Das arktische Meereis schmilzt. Laut Weltklimarat wird das Nordpolarmeer bis 2050 mindestens in einem Sommer komplett eisfrei sein. Schlimmstenfalls könnte das auch regelmäßig vorkommen.

Plastik und andere Gefahren

Die Polargebiete sind empfindliche Naturräume und gefährdet – vor allem durch den Rückgang von Eis und Schnee. Aber neben der Erderwärmung gibt es noch andere Bedrohungen für die Lebewesen in der Arktis und Antarktis.

Die »Polarstern« zieht ein feines Netz durchs Nordpolarmeer. Die Forschenden wollen untersuchen, wie viel Mikroplastik es enthält.

Saure Polarmeere

Seit der Industrialisierung hat die Menschheit große Mengen an Kohlendioxid (CO_2) produziert. Ein Drittel davon haben die Meere aufgenommen. Man könnte sagen: Zum Glück! Denn sonst wäre es auf der Erde heute noch wärmer. Aber wenn sich CO_2 in Wasser löst, entsteht Kohlensäure. Durch unseren CO_2-Ausstoß werden die Ozeane also immer saurer, besonders die kalten Polarmeere. Für Korallen, Muscheln und einige Planktonarten wird es dadurch schwieriger, ihr Kalkgehäuse zu bilden. Wird das Meerwasser zu sauer, löst sich Kalk auf.

Diese arktische Flügelschnecke könnte in Zukunft Probleme haben, ihr schützendes Kalkgehäuse zu bauen.

Müllkippe Meer

Jedes Jahr gelangen Millionen Tonnen Plastik in die Ozeane. Pro Minute sind es fast zwei LKW-Ladungen voll! Große Teile werden von Wind und Wellen zu Mikroplastik zerrieben. Das sind Plastikteilchen, die kleiner als fünf Millimeter sind. Strömungen transportieren den Müll in die hintersten Winkel der Erde. In der Tiefsee liegen Plastiktüten, im Meereis ist Mikroplastik eingefroren und weltweit treiben unter Wasser herrenlose Fischernetze umher. Wale und Robben verfangen sich in diesen Geisternetzen und ertrinken. Seevögel picken unverdauliches Plastik aus dem Ozean und verhungern, weil ihre Mägen voll davon sind. Mikroplastik, das von Muscheln oder Fischen verschluckt wird, kann wiederum auf unseren Tellern landen.

Unterwasserlärm

In den Polarmeeren sind immer mehr Schiffe unterwegs – Fischerboote, Kreuzfahrtschiffe, Frachter und Öltanker. Sie alle machen unter Wasser ziemlich Krach. Das kann Tiere aus bestimmten Gebieten vertreiben. Wale etwa können schwerer mit Artgenossen über Gesänge oder Klicklaute kommunizieren oder verlieren die Orientierung und stranden. Auch bei der Suche nach Rohstoffen am Meeresboden oder bei Bauarbeiten im Ozean entsteht starker Lärm.

Wale können von Schiffslärm gestört werden, selbst auf große Entfernung. Denn der Schall verbreitet sich im Wasser viel schneller und weiter als in der Luft.

Kreuzfahrtschiffe laufen in der Antarktis oft dieselben Buchten an, sodass manche Pinguinkolonie in einem Sommer von Tausenden Touristen besucht und damit gestört wird.

Polartourismus

Immer mehr Menschen möchten Eisberge, Eisbären und Pinguine in der freien Natur bestaunen. In den letzten 20 Jahren hat der Tourismus in der Arktis und Antarktis daher stark zugenommen. Flugreisen und Kreuzfahrten sind aber schlecht fürs Klima. Und je mehr Touristen in die Polargebiete reisen, desto mehr Müll bleibt dort zurück und desto stärker werden die Tiere gestört, etwa bei der Aufzucht ihrer Jungen.

Manche Albatrosarten sind vom Aussterben bedroht, auch wegen des Klimawandels.

Fischereiflotten

Viele Fischbestände in den Meeren sind überfischt. Es werden also mehr Fische gefangen als nachwachsen. Durch den Meereisrückgang wäre es in Zukunft möglich, auch die Fischgründe rund um den Nordpol zu plündern. Vorerst sind die Fische dort jedoch sicher: Seit 2021 gilt für 16 Jahre ein Fangverbot in der zentralen Arktis. Im Südpolarmeer legen Schiffe kilometerlange Leinen mit Tausenden Angelhaken aus, um Seehechte zu fangen. An den Haken bleiben allerdings auch viele Albatrosse hängen, die nach den Ködern schnappen – ihr Todesurteil. Damit weniger Seevögel sterben, legen einige Schiffe inzwischen schwerere Leinen aus, die tiefer sinken, und tun das nur bei Nacht. Zudem halten sie Albatrosse mit Flatterbändern von den Ködern fern.

Giftige Nahrung

Einige Chemikalien werden in der Natur nur sehr langsam abgebaut. Dazu gehören Weichmacher und Farbstoffe in Plastikprodukten oder Chemikalien in wetterfester Kleidung. Über unser Abwasser gelangen solche langlebigen Schadstoffe in Flüsse und schließlich ins Meer. Mit dem Wind reisen sie in weit entfernte Gebiete. Wo Eis und Schnee schmelzen, werden auch längst verbotene Gifte wieder freigesetzt. Aus den tauenden Permafrostböden in der Arktis entweichen zudem schädliche Schwermetalle. All diese Gifte werden in der Nahrungskette weitergereicht – vom Plankton bis zum Eisbär. Manche Tiere werden dadurch krank oder können sich nicht mehr fortpflanzen.

Viele Giftstoffe im Meer sind fettlöslich und stecken daher im Speck und in der Muttermilch von Robben, Walen und Eisbären.

Wem gehören Arktis und Antarktis?

Die Polarregionen sind reich an Rohstoffen. Im Arktischen Ozean etwa werden riesige Öl- und Gasvorkommen vermutet. Im Südpolarmeer ziehen große Krillschwärme und begehrte Speisefische durchs Wasser. Aufgrund des Klimawandels werden die Polargebiete und damit ihre Rohstoffe leichter zugänglich. Einige Staaten wollen sich den Zugang dazu sichern. Andere setzen sich mit der Unterstützung von Forschenden und Umweltschützenden dafür ein, bestimmte Regionen auch in Zukunft nur den Tieren zu überlassen.

Wirtschaftliche Interessen

In das Nordpolarmeer konnten die Menschen lange Zeit nur schwer vordringen. Mit dem Rückzug des Meereises ändert sich das nun. Öl- und Gasindustrie, Reiseveranstalter und Firmen mit Containerschiffen wittern ein gutes Geschäft mit der Arktis. Waren könnten etwa in Zukunft über die Nordost- und die Nordwestpassage schneller und billiger transportiert werden. Schon heute werden diese Routen über das Nordpolarmeer, die Atlantik und Pazifik verbinden, im Sommer von einigen Schiffen genutzt. Auch in der arktischen Tiefsee könnte zukünftig viel Geld zu verdienen sein. Zum Beispiel gibt es Schätzungen, dass in der Arktis über ein Fünftel der noch unentdeckten Öl- und Gasvorkommen der Erde lagern, vor allem im Meeresboden. Für das Klima wäre es allerdings besser, wenn sie unentdeckt blieben!

Gute Nachricht!

2021 hat die grönländische Regierung beschlossen, die Suche nach vermuteten Öl- und Gasvorkommen am Meeresgrund rund um die Insel einzustellen. Sie will auf eine zukünftige Förderung dieser Rohstoffe verzichten. Zum einen würde sich diese wirtschaftlich nicht lohnen. Zum anderen will Grönland so die Natur vor schädlichen Eingriffen bewahren und das Klima schützen.

Streit um den Nordpol

Wer am Meeresboden Rohstoffe wie Erdöl oder Gas fördern darf, regelt das internationale Seerecht. Es legt fest, in welchem Bereich vor seiner Küste ein Land besondere Rechte hat. Aber das Seerecht ist manchmal kompliziert. So streiten sich zum Beispiel Dänemark, Kanada und Russland um ein Unterwassergebirge, den Lomonossow-Rücken. Dieser verläuft mitten durch die Arktis und genau durch den Nordpol. Wenn ein Staat beweisen kann, dass der Gebirgsrücken eine natürliche Verlängerung seines Festlands ist, darf er das Gebiet und die Rohstoffe am Meeresboden für sich beanspruchen. Um seine Ansprüche zu bekräftigen, hat Russland 2007 ein Tauchboot zum Nordpol geschickt und in 4 261 Metern Tiefe eine russische Flagge am Meeresgrund abgesetzt. Bis heute ist jedoch nicht geklärt, wem das Gebiet gehört.

Wildes Weddellmeer

Anders als die Arktis gehört die Antarktis zuallererst ihren tierischen Bewohnern – der Mensch ist dort nur Gast. Der Antarktisvertrag von 1959 besagt nämlich, dass kein Land die Gebiete südlich vom 60. Breitengrad beanspruchen darf. Auch Fischfang ist nur sehr eingeschränkt erlaubt. Östlich der Antarktischen Halbinsel liegt das Weddellmeer, wo auch im Sommer viel Meereis treibt. Es ist einer der unberührtesten Orte der Antarktis

Streit um einen Felsen

Jahrzehntelang stritten sich Kanada und das Königreich Dänemark, zu dem auch Grönland gehört, um die Hans-Insel zwischen Nordgrönland und der kanadischen Arktis. Denn der Besitzer darf die Rohstoffe im Meer vor der Küste nutzen. 2022 teilten Kanada und Grönland die nur 1,25 km^2 große Insel unter sich auf. Eine Schlucht quer durch den Felsen bildet die Grenze.

Sie brauchen Schutz!

Im antarktischen Weddellmeer soll einmal das größte Meeresschutzgebiet der Erde entstehen. Die unberührte Wildnis ist unter anderem der Lebensraum von Kaiserpinguinen (1), Krabbenfressern (2), Weddellrobben (3) und Riesensturmvögeln (4).

und die Heimat zahlloser Robben, Pinguine, Wale und Seevögel. In seinen Tiefen findet man artenreiche Schwammgärten und Millionen nistender Eisfische. In einer wärmeren Zukunft könnte das Weddellmeer für Tiere, die vom Meereis abhängig sind, einen wichtigen Rückzugsort bieten.

Meeresschutzgebiete

Im antarktischen Rossmeer existiert schon seit 2016 ein riesiges Schutzgebiet. Nun soll auch das Weddellmeer als einmalige Wildnis geschützt werden. Forscherinnen und Forscher haben anhand von besonders wertvollen Gebieten im Weddellmeer einen Plan für ein Meeresschutzgebiet erarbeitet, das sechsmal so groß wäre wie Deutschland. Mehrere Länder haben diesen Plan bei der Kommission zur Erhaltung der lebenden Meeresschätze der Antarktis vorgelegt. Aber die Mitgliedstaaten China und Russland lehnen den Plan bisher ab. Sie wollen in Zukunft Krill und Seehechte im Weddellmeer fangen können.

Wem gehört der Ozean?

Das Seerechtsübereinkommen der Vereinten Nationen teilt das Meer in unterschiedliche Zonen auf. In manchen davon haben Küstenländer bestimmte Rechte:

- Das **Küstenmeer**, auch 12-Seemeilen-Zone (22 km) genannt, ist Staatsgebiet des angrenzenden Landes. Es kontrolliert hier Luftraum und Ozean. Ihm gehören die Fische und die Bodenschätze im Meer. Friedliche Schiffe anderer Staaten muss es jedoch durchfahren lassen.

- An das Küstenmeer grenzt die **Ausschließliche Wirtschaftszone**, die sich bis zu 200 Seemeilen (370 km) aufs offene Meer hinaus erstreckt. Hier hat das Land ebenfalls das alleinige Recht, Rohstoffe zu fördern und Fischerei zu betreiben. Wollen andere Länder hier forschen, müssen sie um Erlaubnis fragen. Reicht der Festlandsockel, also die unter Wasser liegende Verlängerung der Landmasse, über die 200-Seemeilen-Zone hinaus, darf ein Staat auch dort die Rohstoffe am Meeresgrund ausbeuten.

- Die **Hochsee** jenseits der 200-Seemeilen-Zone gehört niemandem und allen. Hier darf jeder fischen und forschen – solange es in friedlicher Absicht erfolgt. Der Meeresboden in diesem Gebiet gilt als gemeinsames Erbe der Menschheit und wird von der Internationalen Meeresbodenbehörde verwaltet.

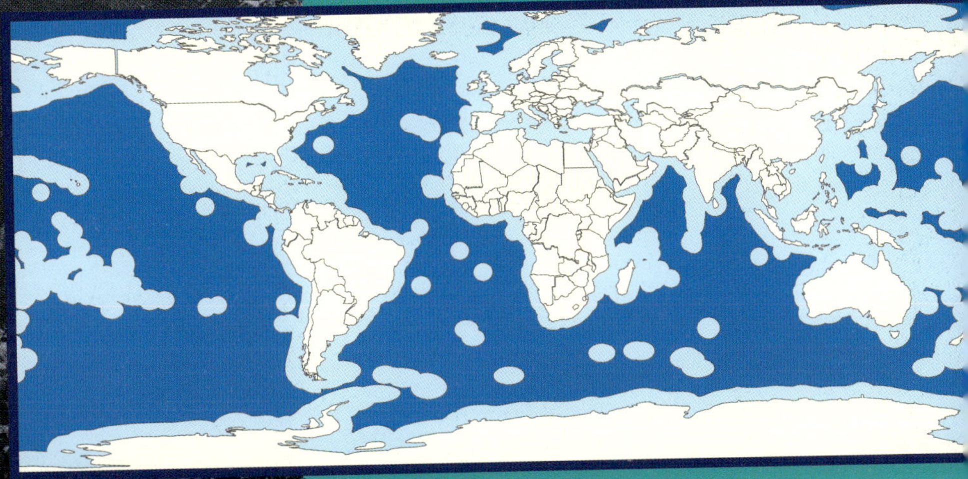

Die Pole schützen – was jeder tun kann

Arktis und Antarktis sind grandiose Naturräume mit einzigartigen Tierwelten. Gleichzeitig spielen sie eine wichtige Rolle für unser Wetter und das Klima auf unserem Planeten. Um die Eiswelten zu erhalten, müssen wir zuallererst den Ausstoß von Treibhausgasen stark verringern. Auf diese Wiese können wir nicht nur die Heimat der Eisbären schützen, sondern auch uns selbst vor schlimmeren Folgen der Erderwärmung. Es ist keine leichte Sache, den Klimawandel zu stoppen. Aber das Gute ist: Auch du kannst im Alltag etwas für das Klima und die Umwelt tun!

Mit Bus, Bahn und Bike

Die Menschen sind immer mehr unterwegs, häufig mit dem Auto oder Flugzeug. Dabei gelangen große Mengen an Kohlendioxid in die Atmosphäre. Zudem verstopfen Autos unsere Städte, verpesten die Luft und produzieren durch Reifenabrieb viel Mikroplastik. Besser für die Umwelt ist es, öffentliche Verkehrsmittel wie Bus und Bahn zu nutzen. Man muss auch nicht in den Urlaub fliegen. Es gibt tolle Reiseziele, die man bequem mit dem Zug erreichen kann. Bei kurzen Strecken: aufs Fahrrad schwingen und losradeln – das hält fit und ist gut fürs Klima!

Weniger Tier auf dem Teller

Unsere Ernährungsweise gehört zu den größten Klimakillern. Besonders tierische Produkte wie Fleisch, Käse und Butter verursachen einen hohen Ausstoß an Treibhausgasen, bis sie im Supermarkt landen. Unser Fleischkonsum beansprucht viel Wasser und riesige Flächen, auf denen die Tiere gehalten und Futterpflanzen angebaut werden – nicht nur in Deutschland, sondern auch im Ausland. Rindfleisch und Soja als Futter für die deutsche Schweinemast zum Beispiel kommen teilweise aus Südamerika. Für Weide- und Anbauflächen wird dort Regenwald zerstört. Wenn du weniger Fleisch isst und dafür mehr Gemüse, schonst du also Klima und Umwelt.

Wer Gemüse statt Fleisch isst, hilft, den Ausstoß klimaschädlicher Treibhausgase zu reduzieren und die Polargebiete zu schützen.

Erschöpfte Erde

Die Erde bietet der Menschheit natürliche Ressourcen wie fruchtbare Böden, Fischbestände, Wälder oder Grundwasser. Diese liefern uns Nahrungsmittel, Baumaterial, Brennstoffe, saubere Luft und Trinkwasser. Die Ressourcen der Erde sind jedoch begrenzt, ebenso wie ihre Fähigkeit, Schadstoffe abzubauen oder Kohlendioxid in Bäumen oder dem Ozean zu speichern.

Jedes Jahr berechnen Umweltschützende den Tag, an dem unser Verbrauch an natürlichen Ressourcen die Belastbarkeit der Erde in einem Jahr übersteigt. Dieser Tag wird Erdüberlastungstag oder auch Welterschöpfungstag genannt. Bis Anfang der 1970er-Jahre beanspruchte die Menschheit nur etwa so viele Ressourcen, wie der Planet hergab. Seitdem steigt unser Verbrauch. 2022 haben wir bereits Ende Juli die Belastbarkeit der Erde für das Jahr erschöpft. Für den Rest des Jahres verschulden wir uns sozusagen bei ihr – und bei nachfolgenden Generationen.

In Deutschland fällt der Erdüberlastungstag sogar schon auf Anfang Mai. Wenn alle Menschen so verschwenderisch leben würden wie wir, bräuchten wir eigentlich drei Planeten!

Auf Wochenmärkten findest du viele Lebensmittel, die in der Region erzeugt wurden.

Bewusst einkaufen

Viele Waren werden mit LKWs und Containerschiffen über weite Strecken transportiert. Zugleich haben sie oft nur eine kurze Lebensdauer, etwa Klamotten und Smartphones. Dann muss etwas Neues her. Auch Lebensmittel landen vielfach im Müll. In Deutschland wirft jeder Mensch pro Jahr im Schnitt 75 Kilogramm Essen weg. Zusammen sind das über sechs Millionen Tonnen! Was für eine Verschwendung von Ackerland, Dünger, Wasser, Treibstoff und Verpackungen! So geht es besser: Kauf nur Dinge, die du wirklich brauchst. Schau, ob du Dinge gebraucht kaufen kannst – sie sind häufig noch wie neu und dazu viel billiger. Außerdem kannst du beim Einkaufen auf regionale Produkte achten. Erdbeeren aus Afrika oder Heidelbeeren aus Südamerika müssen wirklich nicht sein.

Energie sparen und Ökostrom nutzen

Ohne Strom läuft fast nichts in unserer heutigen Welt. Auch auf eine warme Dusche will kaum jemand verzichten. Aber Strom und warmes Wasser werden zum Großteil durch das Verfeuern von Öl, Gas und Kohle erzeugt. Das verursacht viel CO_2. So sparst du Energie: Dusch nur kurz und dreh die Heizung runter. Auch das Internet frisst Strom, besonders Streaming-Dienste. Speicher deine Lieblingsmusik daher auf dem Smartphone und schau Filme öfter auf dem Tablet statt in höchster Auflösung auf einem Riesenbildschirm. Du kannst auch mal deine Eltern fragen, ob sie schon einen Ökostromanbieter haben, der klimafreundlichen Strom aus Windkraft und Sonnenenergie liefert.

Plastikmüll vermeiden

Mit wenigen Klicks ist der neue Pulli im Internet bestellt, unterwegs wird am Kiosk eine Cola gekauft, abends Essen nach Hause geliefert: Unser Leben ist ziemlich bequem. Aber es produziert auch Berge an Plastikmüll. In Deutschland fallen pro Person 38 Kilogramm Verpackungsmüll im Jahr an! Ein Teil davon landet im Meer. Statt online zu shoppen, schau mal im Laden um die Ecke vorbei. Pack die Trinkflasche ein, wenn du das Haus verlässt, und koch dein Lieblingsgericht mit der Familie. Vielleicht gibt es in deiner Nähe auch einen Unverpacktladen, in dem du lose Lebensmittel in mitgebrachte Behälter abfüllen kannst.

Glossar

Aerosole: Fein verteilte, flüssige oder feste Schwebeteilchen in der Atmosphäre.

Albedo: Fähigkeit einer Oberfläche, Strahlung zu reflektieren. Schnee und Eis haben eine höhere Albedo als Wasser.

Algenblüte: Explosionsartige Vermehrung von Algen im Frühjahr und Sommer.

Antarktika: Südlichster Kontinent der Erde im Zentrum der Antarktis. Er ist fast vollständig von Eis bedeckt.

Antarktis: Region, die den Südpol umgibt. Sie umfasst den Kontinent Antarktika sowie das Südpolarmeer.

Antarktische Konvergenz: Bereich im Südpolarmeer, in dem kaltes Oberflächenwasser aus der Antarktis auf wärmeres Wasser aus nördlicheren Gebieten trifft. Sie verläuft etwa entlang des 50. südlichen Breitengrades.

Antarktischer Ozean: Siehe Südpolarmeer.

Antarktischer Zirkumpolarstrom: Mächtige Strömung im Südpolarmeer, die rings um den Kontinent Antarktika verläuft und die Antarktis gegen wärmeres Wasser aus den Subtropen abschirmt.

Antarktisvertrag: Internationales Abkommen zum Schutz und zur ausschließlich friedlichen Nutzung der Antarktis. Es wurde 1959 unterzeichnet und gilt seit 1961.

Anthropozän: Neues Erdzeitalter, in dem der Mensch das Klima auf der Erde und die Umwelt weltweit verändert.

Arktis: Region, die den Nordpol umgibt. Sie umfasst den Arktischen Ozean, die nördlichsten Gebiete von Europa, Nordamerika und Russland sowie die Insel Grönland.

Arktischer Ozean: Siehe Nordpolarmeer.

Atlantifizierung: Zunehmender Einstrom von warmem, sehr salzigem Atlantikwasser in den Arktischen Ozean.

Atmosphäre: Lufthülle der Erde.

Ausschließliche Wirtschaftszone: Meeresgebiet zwischen 22 und 370 Kilometern vor der Küste, in dem das angrenzende Land das alleinige Recht hat, zu fischen und Rohstoffe zu fördern.

Beaufort-Wirbel: Meereisströmung, die sich im Uhrzeigersinn vor den Küsten von Grönland, Kanada und Alaska dreht. Sie ist eine von zwei Hauptströmungen der Eisdrift im Nordpolarmeer.

Eis-Albedo-Rückkopplung: Wechselwirkung zwischen den Eismassen an den Polen und dem Klima. Kühlt die Erde ab, nimmt die Eisbedeckung zu und mehr Sonnenstrahlung wird von den hellen Oberflächen reflektiert. Dadurch wird es noch kälter. Erwärmt sich die Erde, wird durch den Eisrückgang immer mehr Strahlung vom dunklen Meerwasser und eisfreien Landflächen aufgenommen. Das verstärkt die Erwärmung.

Eisalgen: Pflanzliche Einzeller, die unter Eisschollen oder auf Gletschern wachsen.

Eisberg: Riesiger Eisbrocken, der von einem Gletscher abgebrochen ist und im Ozean treibt.

Eisbohrkern: Langes, rundliches Stück Eis, das mithilfe einer Bohrhülse aus Gletscher- oder Meereis gewonnen wird, um es im Labor zu untersuchen.

Eisdrift: Hauptrichtung, in die sich das Meereis angetrieben von Wind und Meeresströmungen bewegt.

Eisschild: Gletschereis, das mindestens 50 000 Quadratkilometer bedeckt. Heute gibt es auf der Erde den Antarktischen und den Grönländischen Eisschild.

Eisstrom: Schnell fließender Gletscher des Grönländischen oder Antarktischen Eisschildes, der große Mengen Eis ins Meer befördert.

Eiszeit: Abschnitt in der Erdgeschichte, in dem mindestens einer der beiden Pole von Eis bedeckt ist. Innerhalb einer Eiszeit gibt es frostige Kaltzeiten, die Glaziale heißen, und gemäßigtere Warmzeiten, die man Interglaziale nennt.

Firn: Körnige Eismasse aus älterem, verdichtetem Schnee.

Furchenwale: Wale mit tiefen Längsfurchen, die von der Kehle bis zum Bauch reichen. Dank ihnen können sie das Maul stark dehnen.

Glazial: Kalte Phase innerhalb eines Eiszeitalters. Wird oft als Eiszeit bezeichnet.

Gletscher: Eine aus Schnee entstandene große Eismasse auf dem Festland, die sich unter dem eigenen Gewicht bergab wälzt.

Gletschereis: Eis aus verdichtetem Schnee.

Globales Förderband: Weltweites Strömungssystem, das alle großen Ozeane miteinander verbindet.

Golfstrom: Große Meeresströmung im Atlantik, die ihren Ursprung im Golf von Mexiko hat und warmes Wasser vor die Küste von Westeuropa transportiert. Der Golfstrom sorgt für unser mildes Winterwetter.

Hochsee: Meeresgebiete, in denen alle Länder fischen und forschen dürfen und die für alle Schiffe frei befahrbar sind. Die Hochsee schließt sich an die Ausschließliche Wirtschaftszone an und beginnt etwa 370 km von der Küste entfernt.

Inlandeis: Siehe Eisschild.

Interglazial: Wärmere Phase innerhalb eines Eiszeitalters. Wird auch Zwischeneiszeit genannt.

Inuit: Volksgruppen in der kanadischen Arktis und auf Grönland.

IPCC: Englische Abkürzung für Intergovernmental Panel on Climate Change, auf Deutsch: Zwischenstaatlicher Ausschuss für Klimaänderungen, auch bekannt als Weltklimarat. Er veröffentlicht etwa alle sechs Jahre den IPPC-Bericht über den aktuellen Stand der Forschung zum Klimawandel.

Jetstream: Starkes Westwindband in der gemäßigten Zone. Es trennt Kaltluft aus der Arktis von wärmerer Luft aus dem Süden und bestimmt unser Wetter.

Kalben: Abbrechen großer Eisbrocken von einem Gletscher.

Klima: Das durchschnittliche Wetter an einem Ort oder in einer Region über mindestens 30 Jahre.

Klimaarchive: Zeugen des Klimas der Vergangenheit, zum Beispiel Gletschereis, in dem Luftbläschen aus der früheren Erdatmosphäre eingeschlossen sind.

Klimamodell: Computerprogramm, das das Klimasystem der Erde nachbildet und Aussagen über das zukünftige Klima ermöglicht.

Klimawandel: Erwärmung oder Abkühlung der Erde und Veränderung des Wetters über einen langen Zeitraum. Aktuell erleben wir eine Erwärmung des Klimas.

Kohlendioxid (CO_2): Treibhausgas, das bei der Verbrennung von Öl, Gas und Kohle entsteht und sich in der Atmosphäre anreichert. CO_2 ist der Haupttreiber der Erderwärmung.

Kolonie: Ansammlung vieler Tiere einer Art, vor allem zur Paarungs- und Brutzeit.

Kontinentalschelf: Fortsetzung einer Landmasse unter dem Meer.

Krill: Kleine Leuchtgarnelen, die in allen Meeren vorkommen. Im Südpolarmeer bilden sie riesige Schwärme und sind eine wichtige Futterquelle für Pinguine, Robben, Seevögel und Wale.

Kryosphäre: Begriff für die Teile der Erde, in denen Wasser in Form von Schnee oder Eis vorliegt.

Küstenmeer: 22 Kilometer breite Zone im Meer, die zum Staatsgebiet des angrenzenden Küstenstaats gehört.

Lachgas (N_2O): Sehr starkes Treibhausgas, das zur Erderwärmung beiträgt. Es entsteht unter anderem in der Massentierhaltung und durch den Einsatz von zu viel Kunstdünger in der Landwirtschaft.

Meereis: Eis aus gefrorenem Meerwasser. Haben die Eisschollen einen oder mehrere Sommer überlebt, spricht man von mehrjährigem Meereis.

Methan (CH_4): Starkes Treibhausgas, das zur Erderwärmung beiträgt. Quellen für Methan sind unter anderem Rinder, Mülldeponien, Kläranlagen, Reisfelder und undichte Gaspipelines.

Mikroorganismen: Mikroskopisch kleine Lebewesen wie Bakterien oder einzellige Algen, die mit dem bloßen Auge nicht zu erkennen sind.

MOSAiC-Expedition: Forschungsexpedition im Nordpolarmeer zwischen September 2019 und Oktober 2020, bei der die »Polarstern« zehn Monate im arktischen Packeis eingefroren war. MOSAiC steht für Multidisciplinary drifting Observatory for the Study of Arctic Climate, auf Deutsch: Multidisziplinäres Driftobservatorium zur Untersuchung des Arktisklimas.

Nahrungsnetz: Nahrungsbeziehungen zwischen Organismen in einem Lebensraum. Das Nahrungsnetz beschreibt, wer wen frisst.

Nordpol: Der geografische Nordpol ist der nördlichste Punkt der Erde.

Nordpolarmeer: Kleinster Ozean der Erde rund um den Nordpol. Er umfasst auch kleinere Meere an seinen Rändern, zum Beispiel die Barentssee und die Laptewsee.

Ökosystem: Ein Lebensraum und alle darin lebenden Organismen sowie deren Beziehungen zueinander.

Ozeanversauerung: Anstieg des Kohlensäuregehalts im Ozean durch den Kohlendioxidausstoß der Menschheit. Die Ozeanversauerung erschwert die Kalkbildung von Meeresorganismen.

Antarktis-Expedition

Die »Polarstern« hat an einer Eisscholle angelegt. Ein Forscher zieht ein Messgerät hinter sich her, das die Dicke des Meereises und der Schneedecke bestimmt.

Ozon: Wichtiges Gas in der Atmosphäre. Es bildet in rund 30 Kilometern Höhe die Ozonschicht, die schädliche UV-Strahlung der Sonne auffängt.

Packeis: Geschlossene Meereisdecke oder Eisschollen, die dicht zusammen treiben und ein großes Gebiet bedecken.

Paläoklima: Klima der Vergangenheit.

Permafrost: Böden, die mindestens zwei Jahre in Folge gefroren sind und unterschiedliche Mengen an Bodeneis enthalten. Wenn sie tauen, setzen sie Kohlendioxid und Methan frei.

Phytoplankton: Pflanzliches Plankton. Die einzelligen Algen schweben an der Meeresoberfläche und bilden die Grundlage des Nahrungsnetzes im Ozean.

Plankton: Sammelbegriff für alle Organismen, die nicht gegen die Strömung anschwimmen können. Man unterscheidet pflanzliches Plankton (Phytoplankton) und tierisches Plankton (Zooplankton).

Polarkreis: Gedachte Linie bei 66,5 Grad nördlicher beziehungsweise südlicher Breite, die einmal um die Erde geht. Die Polarkreise werden häufig als Grenzen zur Arktis und Antarktis betrachtet.

Polarnacht: Zeit im Winter, wenn die Sonne in den Polarregionen nicht aufgeht. An Nord- und Südpol dauert die Polarnacht ein halbes Jahr.

Polartag: Zeit im Sommer, wenn die Sonne in den Polarregionen nicht untergeht. An Nord- und Südpol dauert der Polartag ein halbes Jahr.

Polarwirbel: Eisige Luftmassen, die vor allem im Winter in großer Höhe über den Polargebieten kreisen.

Presseisrücken: Von Wind und Wellen aufgetürmtes Meereis.

Schelfeis: Mächtige Eisplatte, die auf dem Meer schwimmt und mit einem oder mehreren Gletschern verbunden ist. Schelfeise können mehr als einen Kilometer dick sein. Man findet sie vor allem in der Antarktis.

Seemeile: Längenmaß in der Schifffahrt. Eine Seemeile sind 1,825 Kilometer.

Stratosphäre: Zweitunterste Schicht der Erdatmosphäre, innerhalb der sich die Ozonschicht befindet.

Südpol: Der geografische Südpol ist der südlichste Punkt der Erde.

Südpolarmeer: Auch Südlicher Ozean genannt. Ringförmiger Ozean, der den Kontinent Antarktika umgibt. Er umfasst auch kleinere Meere an seinen Rändern, etwa das Rossmeer und das Weddellmeer.

Tafeleisberg: Flacher Eisberg, der von einem Schelfeis abgebrochen ist. Tafeleisberge können Tausende Quadratkilometer groß sein.

Tiefsee: Bereich im Ozean, in den kein Licht oder nur noch schwaches Restlicht vordringt. Die Tiefsee beginnt ab etwa 200 Meter Wassertiefe.

Transpolardrift: Meereisströmung, die Eisschollen von der Küste Sibiriens über den Nordpol bis an die Ostküste Grönlands transportiert. Sie ist eine von zwei Hauptströmungen der Eisdrift im Nordpolarmeer.

Treibhauseffekt: Erwärmung der Erde durch Treibhausgase in der Atmosphäre. Die Gase sorgen dafür, dass weniger Sonnenstrahlung von der Erde ins All reflektiert wird. Man unterscheidet zwischen natürlichem und menschengemachtem Treibhauseffekt.

Treibhausgase: Gase wie Kohlendioxid oder Methan in der Atmosphäre, die zum Treibhauseffekt beitragen.

Troposphäre: Unterste Schicht der Erdatmosphäre. Hier spielt sich das Wetter ab.

Weltklimarat: Siehe IPCC.

Wetter: Kurzfristig spürbare Vorgänge in der Atmosphäre wie Regen, Schneefall, Wind oder Hitze.

Wetterballon: Mit Helium oder Wasserstoff gefüllter Ballon, an dem ein Messgerät befestigt ist. Beim Aufstieg in die Stratosphäre zeichnet er Wetterdaten auf und funkt sie zu einer Bodenstation.

Zooplankton: Tierisches Plankton. Dazu gehören Meereslebewesen von kleinen Krebschen bis hin zu großen Quallen, die mit den Ozeanströmungen treiben.

Bildquellennachweis

Alfred-Wegener-Institut: 3ol (CC-BY 4.0/Stefan Hendricks), 3ul (CC-BY 4.0/Esther Horvath), 3mr (CC-BY 4.0/Martin Künsting), 9mm (Tim Kalvelage), 9mr (Anemone: OFOBS Team), 11or (CC-BY 4.0/Stefan Christmann), 24ul (Schwammgarten: CC-BY 4.0/C. Richter/T. Lundälv (Uni Göteborg)), 24u (Untermieter: Tomas Lundälv), 24o (AWI OFOS_system PS101), 25om (Fischnest: PS124, AWI OFOBS team), 25or (Polarstern: Tim Kalvelage), 25um (CC-BY 4.0/Mathias Hüne), 32ul (Grafik: CC BY 4.0/Martin Künsting), 40ul (CTD Rosette: Thomas Steuer), 41or (Thomas Steuer), 43u (CC BY 4.0/James McKay), 48–49 (CC-BY 4.0/Jan Rohde), 50–51 (Polarstern: CC-BY 4.0/Martin Künsting), 51om (Brücke: CC-BY 4.0/Esther Horvath), 52mm (Kapitän: CC-BY 4.0/Esther Horvath), 52o (Brücke: Esther Horvath), 53ml (Bäckerin: CC-BY 4.0/Esther Horvath), 56u (CC-BY 4.0/Esther Horvath), 57ur (CC-BY 4.0/Esther Horvath), 57ol (CC-BY 4.0/Esther Horvath), 58–59Hg. (CC-BY 4.0/Stefan Hendricks), 59um (Helikopter: Mario Hoppmann), 59ul (Begleitschiff: CC-BY 4.0/Jan Rohde), 60–61 (CC-BY 4.0/Esther Horvath), 62u (eventfive), 63or (CC-BY 4.0/Stefan Hendricks), 64ur (CC-BY 4.0/Esther Horvath), 64ol (CC-BY 4.0/Esther Horvath), 64–65Hg. (CC-BY 4.0/Lukas Piotrowski), 65or (CC-BY 4.0/Esther Horvath), 65ur (CC-BY 4.0/Esther Horvath), 66ul (CC-BY 4.0/Esther Horvath), 66–67Hg. (Miss Piggy: Markus Rex), 67om (Peter von der Gathen), 68or (CC-BY 4.0/Esther Horvath), 68ul (CC-BY 4.0/Stefan Hendricks), 70um (CC-BY 4.0/Folke Mehrtens), 71mr (CC-BY 4.0/Christian Rohleder), 71ol (CC-BY 4.0/Michael Gutsche), 71ul (CC-BY 4.0/Christian Rohleder), 72ul (CC-BY 4.0/Esther Horvath), 72mm (CC-BY 4.0/Esther Horvath), 73ur (CC-BY 4.0/Lukas Piotrowski), 73mr (CC-BY 4.0/Esther Horvath), 73ol (CC-BY 4.0/Steffen Graupner), 74–75 (CC-BY 4.0/Steffen Graupner, Karl Finkenbeiner), 76ul (CC-BY 4.0/Lianna Nixon), 76or (CC-BY 4.0/Christian Rohleder), 77ur (CC-BY 4.0/Michael Gutsche), 77or (CC-BY 4.0/UFA Show & Factual), 79ur (Nr.1: CC-BY 4.0/Lianna Nixon), 79ur (Nr.2: CC-BY 4.0/Lianna Nixon), 79or (CC-BY 4.0/Lianna Nixon), 80ml (CC-BY 4.0/Esther Horvath), 82ur (CC-BY 4.0/Martin Künsting), 83ol (CC-BY 4.0/Esther Horvath), 88or (CC-BY 4.0/Esther Horvath);

Archiv Tessloff: 69ur;

Deutsches Klimarechenzentrum Hamburg: 82ml (Michael Böttinger), 86u (Michael Böttinger);

Deutsches Zentrum für Luft- und Raumfahrt e.V.: 9u (Tafeleisberg A74);

ESA: 18o, 41ml (Satellit: P. Carril);

Geomar: 47ul (Tom Kwasnitschka und Nico Augustin);

Getty: 11ol (Liborio Justo);

Julia Wenzel: 70ur;

Michael Gallagher: 70mr;

NASA: 6ur (Maria-Jose Vinas), 30ol (Scientific Visualization Studio/SSMIS/DMSP), 30or (Scientific Visualization Studio/SSMIS/DMSP), 31u (Scientific Visualization Studio (Eric Fisk)), 32ml (Eisinsel: Joshua Stevens/U.S. Geological Survey/JPL-Caltech/GEBCO), 35ol (Joshua Stevens (National Snow and Ice Data Center)), 36u, 37o (JPL/Caltech);

NOAA: 29or (Public Domain);

Picture alliance: 2mm (Minden Pictures/Tui De Ro), 10ol (Inuit: robertharding/Louise Murray), 11ur (Ullstein Bild), 13ol (AP Images/Kiichiro Sato), 16ol (Küstenseeschwalbe: imageBROKER/Olaf Krüger), 17ur (Minden Pictures/Flip Nicklin), 17ul (Polarfuchs braun: Minden Pictures/Marcel Langelaan/Buitenbeeld), 19ol (Krill: Minden Pictures/Flip Nicklin), 19mr (Minden Pictures/Flip Nicklin), 20om (Ei: Anka Agency International/Gerard Lacz), 21or (Global Warming Images/Ashley Cooper), 22ul (imageBROKER/Walz, U.), 22mm (Hubschrauber: imageBROKER/Mark Newman/FLPA), 23ur (Minden Pictures/Tui De Ro), 23or (Minden Pictures/Norbert Wu), 23ml (© Oceans Image/Photoshot/Saul Gonor), 35ul (Mammut: dpa/Tass Tkachev Andrei), 46om (Unterwasser-Segler: empics/Jonathan Brady), 47mm (See-Elefant: dpa/Lars Boehme), 54ur (dpa), 54o (IMAGNO/Österreichisches Volkshoc/Anonym), 55or (Leemage), 55ur (IMAGNO/Österreichisches Volkshoc/Anonym), 69ol (Polardorsch: Minden Pictures/Flip Nicklin), 81or (akg-images), 83ur (Reuters/POOL New), 87ml (AA/Arnaud BOUISSOU/COP21), 93o (dpa/Hauke-Christian Dittrich);

Science Photo Library: 43or (Claus Lunau);

Shutterstock: 6ul (ugljesa), 7or (ugljesa), 7ur (Designua), 8ol (eamesBot), 8–9Hg. (SergeyIT), 10ol (Warnschild: Kaca Skokanova), 12o (Roman Sotola), 13u (AridOcean), 14–15 (NicoElNino), 16–17Hg. (Christopher Wood), 16o (Karibus: Vladimir Melnikov), 16ul (longtaildog), 17ul (Polarfuchs weiß: NaturesMomentsuk), 17mm (Alexey Seafarer), 17o (Kaiserpinguine: Sergey 402), 20ul (Königspinguine: Stubblefield Photography), 20u (See-Elefanten: worldswildlifewonders), 20–21Hg. (Valerii Evlakhov), 20o (Dickschnabellumen: Menno Schaefer), 21ul (Tarpan), 21ur (Timin), 22or (GTW), 24–25Hg. (Rich Carey), 28o (Stau: Fishman64), 28o (Smog: Kodda), 28o (Schweine: Mark Agnor), 28ul (Siberian Art), 30ur (Vaclav Sebek), 34ul (Vladimir Melnik), 34–35Hg. (Gregory A. Pozhvanov), 40–41Hg. (Jane Rix), 42ur (alex7370), 46ul (Eisberg: posteriori), 46–47Hg. (Jess Rodriguez), 57or (Zettelhintergrund: NokkieVector), 58ul (Porcupen), 67ur (Atmosphäre: AnnSky), 69or (Flügelschnecke: RLS Photo), 70–71Hg. (LilKar), 76–77Hg. (Fotomay), 78ml (Porcupen), 79ol (Zettelhintergrund: Nokkie Vector), 83or (Zettelhintergrund: Nokkie Vector), 86or (Vladimir Melnik), 88mr (Plastikflasche: SeDmi), 89or (Kreuzfahrtschiff: Tetyana Dotsenko), 89u (Sergey Uryadnikov), 92ur (Suzanne Tucker), 92ul (Victor Runov), 92om (Sergey Novikov), 93ur (Solarzellen: Alberto Masnovo), 93ur (Plastiktüte: New Africa);

Tim Kalvelage: 1, 2om (Nr.2), 2ur, 4–5, 7ol, 9o (Nr.2), 9o (Nr.5), 9o (Nr.4), 9o (Nr.1), 9o (Nr.3), 18ul, 25om (Kamerasystem), 26–27, 30–31Hg., 33Hg., 33ol, 33mr, 37mr, 37u, 38–39, 40or, 41ol (Treibbojen), 44o, 44u, 45u, 45or, 45ol, 45ml, 47or (Helikopter), 50or (Krähennest), 51ur (Labor), 52um (Helikopter), 53or, 53ur, 84–85, 87u, 88um (Buckelwal), 89ol (Albatros), 90–91Hg., 91o (Nr.1), 91o (Nr.2), 91o (Nr.3), 91o (Nr.4), 95o;

Wikipedia: 10ur (Royal Museums Greenwich/François Etienne Musin), 19ol (Ruderfußkrebs: CC BY-SA 4.0/Jonhlifar9), 35or (PD/Benjamin Jones, U.S. Geological Survey), 46u (AUV: CC BY-SA 4.0/Seloloving), 55ol (Public Domain: Norwegische Nationalbibliothek), 69or (Rippenqualle: CC BY-SA 4.0/Alexander Semenov), 88ml (CC-BY-4.0/Chichvarkhin A), 90ur (CC BY-SA 3.0/Toubletap), 91ur (CC BY-SA 3.0 cl/B1mbo/VLIZ Maritime boundaries);

©Universität Bern: 42o (Thibaut Vergoz)

Umschlagfotos: Alfred-Wegener-Institut: U1 (CC-BY 4.0/Stefan Hendricks), U4 (CC-BY 4.0/Stefan Hendricks)

Burgschmietstraße 2–4,
90419 Nürnberg
www.tessloff.com

Mit fachlicher Unterstützung des Alfred-Wegener-Instituts, Helmholtz-Zentrum für Polar- und Meeresforschung

ALFRED-WEGENER-INSTITUT
HELMHOLTZ-ZENTRUM FÜR POLAR- UND MEERESFORSCHUNG

ISBN 978-3-7886-7628-5

Die Reihe wird fortgesetzt.